Hannelore Risch

Gesegnet, um zu segnen

Wie wir Segen erfahren und weitergeben können

R. BROCKHAUS

Rechte-Nachweis:
S. 21: Walter Habdank, 24 Holzschnitte zur Bibel,
Kösel Verlag, München
S. 65: Rembrandt, Jakob segnet seine Enkel Ephraim und Manasse
(Ausschnitt), Staatliche Museen Kassel: Schloss Wilhelmshöhe
S. 83: M. Basilea Schlink, aus: Hoffnung in einer hoffnungslosen
Welt – ein Handbuch für Beter, Verlag Evangelische Marien-
schwesternschaft, Postfach 310129, 64241 Darmstadt
S. 92: Johannes Risch, aus: Vergeben hilft leben, Hänssler Verlag,
Holzgerlingen, © Johannes Risch
S. 169: © Ruth Heil

RBtaschenbuch Bd. 610

2. Auflage 2003
© 2002 R. Brockhaus Verlag Wuppertal
Umschlaggestaltung: Dietmar Reichert, Dormagen
Umschlagbild: Andreas Felger, »Sonnengelb« Aquarell,
© Präsenz Verlag, 65597 Hünfelden
Gesamtherstellung: Breklumer Druckerei Manfred Siegel KG
ISBN 3-417-20610-3
Bestell-Nr. 220 610

INHALT

VORWORT

Auf meinen Reisen und bei manchen Gesprächen hier zu Hause habe ich bemerkt, dass Menschen unserer Tage große Sehnsucht danach haben, gesegnet zu werden. Wenn sie zu den Kirchenfernen gehören, wissen sie oft nicht, wo und wie sie einen persönlichen Segen bekommen können. Ihr heimliches Sehnen bleibt ungestillt. Eine Mangelerscheinung unserer Tage!

Woher kommt wohl diese Sehnsucht? Ich denke, aus dem Gefühl der Ungeborgenheit und Unsicherheit vieler Zeitgenossen. Dabei ahnen sie wohl, dass es mehr gibt zwischen Himmel und Erde als das, was sie bisher erfahren haben.

Besonders seit dem »Tag, nach dem nichts mehr sein wird, wie es vorher war«, seit dem 11. September 2001, ist uns unser Ungesichertsein besonders bewusst geworden. Viele Menschen sind seither ernster und suchender. Sie fragen: »Worauf kann ich mich noch verlassen, wenn alles, was mir bisher Sicherheit gab, plötzlich zusammenbricht?«

Andererseits gibt es viele engagierte Christen, die diesem Mangel entgegentreten könnten. Doch oft wissen sie nicht, wie Segnen geschehen soll. Sie haben für diese wichtige Aufgabe weder Erfahrung noch Anleitung. Doch das sollte sich ändern!

In diesem Buch über Gottes Segen und unser Segnen möchte ich zuerst meine Leserinnen und Leser daran erinnern, dass wir alle viele Male von Gott gesegnet wurden. Diese Tatsache können wir durch Bibel und kirchliche Praxis gut erkennen. Unser Gott ist der Ursprung allen Segens und hat beim Segnen keinen von uns übergangen. Sein Segen ist überreich und überfließend.

Weil wir nun von ihm Gesegnete sind, haben wir den klaren Auftrag, seinen väterlichen Segen nicht für uns allein zu behalten, sondern ihn an unsere Nächsten und Übernächsten weiterzugeben. Wie das vor sich gehen kann, will ich in diesem Buch mit vielen Beispielen aus unseren Tagen beschreiben.

Während ich daran arbeitete, wurde ich manchmal gefragt: »Was machst du jetzt im Ruhestand?« Ich antwortete: »Ich schreibe gerade einiges über ›Gesegnet, um zu segnen‹.« – »Oh, das ist gut!«, war oft die Anwort, »ich habe übrigens auf diesem Gebiet etwas Schönes erlebt!« – »Bitte, erzähle!« Ich zückte schon meinen Bleistift und schrieb mit.

Einige Erlebnisse meiner Bekannten und Freundinnen habe ich mit deren Einverständnis in dieses Buch aufgenommen, damit es möglichst breit gefächert ist und nicht nur auf meinen eigenen Erfahrungen beruht. Ich danke von ganzem Herzen jeder einzelnen Person, die mir vertrauensvoll ihr Erlebnis mitgeteilt hat. Gott segne sie dafür!

Ich möchte damit auch Hauskreisen, Teilnehmern an Mitarbeitertreffen, Frauengruppen u.a. biblisches Grundwissen über das Segnen anbieten. Manche Kapitel eignen sich zum Vorlesen. Die Beispiele können Gruppengespräche anregen. Für seelsorgerliche Gespräche habe ich praktische Anleitungen aufgenommen.

So ist das Buch zu einer Fundgrube über Gottes Segen und unser Segnen geworden.

So hoffe ich, dass mein Segensbuch für Einzelne und auch in der Gemeindepraxis eine Ermutigung wird, Gottes Segen bewusster zu erkennen und auch selbst zu segnen.

Hannelore Risch

1. Segen und Fluch

Wir wünschen einander zum Geburtstag: »Viel Glück und viel Segen!«, oder wir schreiben: »Ein gesegnetes neues Jahr!« Auch gratulieren wir mit: »Gottes Segen zur Geburt eures Kindes!« Was meinen wir wirklich damit?

Wir bringen unsere Segenswünsche vertrauensvoll in Verbindung mit unserem segnenden Gott. Ich stelle mir einen großen Trichter vor, in den auf unsere Bitte hin Gottes Segen hineinfließt. Und wir haben das große Vorrecht, ihn zu der Person hinzulenken, der wir von ganzem Herzen diesen Segen wünschen. Unser Vater im Himmel ist ein überreich segnender Gott, und wir dürfen bei seiner Segensarbeit seine Mitarbeiter und Mitarbeiterinnen sein.

Nie werde ich vergessen, wie ich an einem und demselben Tag Fluch und Segen erlebt habe: Ich war damals eine junge Pfarrersfrau in dem Nordpfälzer Dorf Dörrmoschel. Wir hatten zwei kleine Söhne, Johannes drei Jahre und Christof ein Jahr alt. Ich erwartete in Kürze unser drittes Kind. Eines Morgens, als mein Mann gerade im Nachbardorf Teschenmoschel Hausbesuche macht, läutet die alte Türglocke. Ich eile mit meinen beiden Buben, um zu öffnen. Vor uns steht eine ältere Hausiererin. Sie mustert uns drei und sagt freundlich: »Ich winsche eich eine scheene, blonde Tochter!« – »Das wünsche ich mir auch!«, stimme ich ihr bei. Sie öffnet ihre Tasche voll gebündelter Klöppelspitzen und wickelt ein Päckchen auf, um es mir anzupreisen. Ich seufze: »Ich weiß nicht, was ich mit solchen Spitzen anfangen soll. Ich kann sie wirklich nicht brauchen. Doch ich mache Ihnen einen Vorschlag: Sagen Sie mir ungefähr, was Sie daran verdienen würden. Diesen Preis bezahle ich Ihnen gerne, und Sie können diese Spitze noch einmal im Dorf verkaufen!« Da verändert sich ihr Gesicht. Mit stechenden Augen schaut sie auf meinen dicken Bauch, zischelt einen Fluch zwischen ihren dunklen Zähnen hervor, dreht sich um und verschwindet.

Benommen schließe ich die Haustür. Ich spüre, es ist mir etwas Böses begegnet. Als mein Mann heimkommt, findet er eine weinende Frau vor. Ein schluchzendes Häuflein Elend! Erschrocken fragt er: »Was ist passiert?«

»Unser Baby wird behindert sein und einen Klumpfuß haben! Eine Hausiererin hat es verflucht!«

Er nimmt mich in den Arm und beruhigt mich, denn er weiß, dass ich in Schwangerschaften besonders empfindlich bin. Doch seine Einfühlung hätte wohl nicht genügt, mich wieder zuversichtlich zu machen. Darum schlägt er mir vor:

»Wir setzen jetzt Gottes Segen dagegen. Der ist viel stärker als jeder Fluch!« Er legt seine Hände auf meinen Kopf und ich die meinen auf meinen Leib. So beten wir: »Jesus Christus, du bist Sieger über Satan und seine Flüche. Du hast ihn am Kreuz besiegt, als du ausriefst: ›Es ist vollbracht!‹ Wir gehören auf deine Seite, und unsere Familie steht unter deinem Schutz. In deinem Namen, Jesus, segnen wir unser ungeborenes Kind und löschen jetzt den Fluch mit deinem Blut aus! Amen.«

Sofort fliehen Angst und Sorge. Frieden umfängt uns.

Einige Wochen später wird unser Matthias geboren, ein kräftiger, gesunder Junge von neun Pfund! Gottes Segen ist ein vollmächtiger Schutz.

Wir sind von einer für uns unsichtbaren Welt umgeben, in welcher fluchende und segnende Mächte ihren Einfluss auf die Menschheit ausüben. Für welche geistige Macht sind wir offen? In welcher inneren Haltung denken wir an bestimmte Menschen um uns herum? Wir können ein Kanal für Gottes Segen werden! Gott wird uns dabei helfen. –

Wer durch bitteres Erleben erlittenen Fluches hindurchge-
gangen ist, ohne die Verbindung mit unserem segnenden Gott
verloren zu haben, der weiß in Wahrheit, welche Vollmacht
wir haben: als Gesegnete andere zu segnen.

2. Was heißt eigentlich »segnen«?

Segnen und fluchen gibt es in allen Kulturen, im religiösen
wie im säkularen Bereich.

Das biblische Segnen steht nicht in Zusammenhang mit ir-
gendwelchen geheimnisvollen dunklen Mächten oder Zau-
bersprüchen, sondern allein mit dem Gott, der sich offenbart
hat. Durch Gottes Wort, die Bibel, erfahren wir, wer er ist und
was er will. Doch am deutlichsten hat er sich durch Jesus
Christus offenbart. Dieser ist das menschgewordene Wort
Gottes – die Liebe unseres himmlischen Vaters in Menschen-
gestalt.

Das deutsche Wort *segnen* kommt von dem lateinischen
»signare« und bedeutet signieren, zeichnen oder bezeichnen,
im mittelalterlichen Kirchenlatein das Kreuzzeichen machen.
Es drückt aus, dass Gott sagt: »Du trägst mein Zeichen! Du
gehörst zu mir! Immer werde ich für dich da sein!«

Bei einer Schafherde hatten die einen Schafe rote Punkte
im Fell, die anderen blaue. Ich fragte den Schäfer: »Was bedeuten diese Zeichen?« Er antwortete: »Die Tiere mit dem roten Punkt gehören mir, die mit dem blauen gehören meinem
Nachbarn! Es ist eigentlich eine Bezeichnung für Außenstehende. Wenn ich die Herde zu unseren Stallungen zurück-

9

bringe, steht der Nachbar am Gatter und lockt laut seine Schafe zu sich. Dann lösen sich die blauen von den roten und laufen zu ihm. Sie kennen seine Stimme. Mir folgen ohne Schwierigkeit alle roten in meinen Schafstall. Auch ich rufe sie und zähle sie.« »Und wenn eines fehlt?«, fragte ich. »Eigentlich habe ich immer den Überblick«, erklärt der Schäfer. »Wenn wirklich einmal eines abhanden gekommen oder geklaut worden ist, komme ich ihm wieder auf die Spur. Meine Zeichen in seinem Fell können weder Regen noch Seife abwaschen.«

Die andere Bedeutung des Wortes segnen kommt von dem lateinischen »benedicere« und heißt benedeien, gut-sagen, loben, preisen, danken. Benedeien ist ein altertümliches Wort und hat sich in unserem Sprachgebrauch nicht durchgesetzt.

So haben unsere Segensworte wie eine Münze zwei Seiten: Das Zusprechen, dass wir zu Gott gehören und er für uns da ist, und dann unsere entsprechende Antwort: Unser bekennendes Lobpreisen und Benedeien ist unser Dank für Gottes Heilstaten. Er freut sich darüber und wartet darauf.

Diese Doppelbedeutung steckt auch in dem griechischen Wort »eulogein« und in dem hebräischen »brk«, »berak« oder »barak«.

Als Gott mit Abraham sprach und ihn segnete, sagte er: »Abraham, barak!« Und Abraham kniete sich hin und wurde mit Gutem aus der Welt Gottes beladen. Dann stand er als Gesegneter auf und konnte gegen alle Widerstände den Aufbruch wagen.

So heißt »segnen« im biblischen Sinn: jemanden mit Wohltaten beglücken. Was im Alten Testament begonnen hat mit: »Ich will mit dir sein! Ich will dein Gott sein!«, das ist im Neuen Testament erfüllt durch die allergrößte Segenstat: die Sendung von Gottes Sohn auf diese Erde. Somit heißt »gesegnet sein« nichts anderes als GOTT IST MIT MIR – Immanuel – Gott mit uns! Und segnen heißt, wie Dietrich Bonhoeffer es ausdrückt: Die Hand auf jemanden legen und sagen: DU GEHÖRST TROTZ ALLEM GOTT! Wir können noch hinzufügen: Und niemand und nichts kann dich aus seiner Hand reißen!

Zusammenfassend können wir sagen: Im Segen wendet sich Gott seinen Menschen zu und handelt an ihnen zu ihrem Heil.

Der Handelnde, der den Segen schenkt, ist immer Gott selbst.

Es ist nicht Gottes Absicht, alle unsere Wünsche zu erfüllen. Aber es ist seine Absicht, uns das zu geben, was uns zum Heil dient. So führt er uns keineswegs immer an Nöten vorbei, aber mit aller Treue bringt er uns durch Leid, Kummer und Krisen hindurch. Er hat uns versprochen, uns nie allein zu lassen – keinen Tag und keine Stunde – bis an der Welt Ende. In diesem Wissen dürfen wir »im Segen leben«, das heißt in Gottes Machtbereich und in seiner Nähe.

Als solche von Gott Gesegnete dürfen und sollen wir Segen reichlich weitergeben.

In unseren Tagen kann man beobachten, dass die Sehnsucht vieler Menschen wächst, gesegnet zu werden. Sie wünschen sich Hilfe, Schutz und Begleitung im schwierigen Alltag. Der zunehmende Mangel an Geborgenheit in unserer heutigen Welt führt viele zu der Hoffnung, dass der ferne Gott erfahrbar werde und ihnen nahe komme.

Auch wächst inzwischen bei vielen Menschen etwas, was im Zeichen unseres naturwissenschaftlichen Weltbildes lange Zeit verpönt war – die Erkenntnis: Es gibt viel mehr zwischen Himmel und Erde, was unser Verstand nicht ermessen kann. Viele ahnen, dass Kräfte um uns herum wirken, die Einfluss auf unser Leben und auf das Fortbestehen der Erde haben.

Zurzeit ist eine neue Offenheit für Wirklichkeiten zu bemerken, die jenseits dessen sind, was wir in unserer vernunftgeprägten Zivilisation erfahren. Daher kommt wohl auch dieses Bedürfnis, gesegnet zu werden.

Bisher sind zwei theologisch ganz verschieden geprägte Richtungen darauf eingegangen: die Feministinnen und die charismatische Bewegung. Sie haben seit Jahrzehnten dieses seelsorgerliche Bedürfnis ihrer Mitmenschen erkannt. Bei den Zusammenkünften segnen Männer wie Frauen in großer Selbstverständlichkeit alle, die es wünschen, gesegnet zu werden.

Doch inzwischen wird diese Praxis mehr und mehr auch in Landes- und Freikirchen, in Gemeinschaften und besonders in den Hauskreisen ausgeübt, und dadurch wird diese seelsorgerliche Mangelerscheinung – Gott sei Dank! – mit der Zeit behoben.

Gottes Segen kommt über die Wohnstätte dessen, der ihm die Treue hält. Sprüche 3,33

3. Vom Schöpfungssegen

Der erste Frühlingstag nach einem trüben und frostigen Winter! Strahlender Sonnenschein zieht mich wie ein Magnet nach draußen. Der Garten birgt eine Fülle von Lebenskraft: Die Schneeglöckchen, welche der Frost niedergedrückt hatte, haben sich wieder aufgestellt und läuten den Frühling ein. Da fliegt auch schon die erste Biene herbei, – tief atme ich die Frühlingsluft ein. Ich fühle mich gesegnet.

Wieder in meiner Wohnung lese ich in den ersten Kapiteln der Bibel einiges über den Schöpfungssegen:

Gott schuf alle Arten von Pflanzen, von Wassertieren und Vögeln und segnete sie. Dann folgten die Landtiere, und er hatte Freude daran. Dann sagte Gott: »Nun wollen wir den Menschen machen, ein Wesen, das uns ähnlich ist.« Gott schuf den Menschen nach seinem Bild. Er schuf Mann und Frau. Er segnete die Menschen und sagte zu ihnen: »Vermehrt euch und nehmt die Erde in Besitz! Ich vertraue sie eurer besonderen Fürsorge an!« Das ist zum Staunen: Gott hat die Menschen dazu bestimmt, mit ihm, dem Höchsten, in innigster Gemeinschaft zu leben und auch für seine Schöpfung zu sorgen!

Ich lese weiter: So entstanden Himmel und Erde mit allem, was lebt. Am siebten Tag hatte Gott sein Schöpfungswerk vollendet und ruhte von seiner Arbeit aus. Deshalb segnete er den siebten Tag und erklärte: »Dieser Tag ist heilig. Er gehört mir.«

Zwischen Gottes Schaffen und seinem Segnen besteht ein göttlicher Zusammenhang. Es ist das dritte Mal, dass der Text vom Gesegnet-Werden spricht. So wird ein Tag, eine bestimmte Zeit geheiligt für die Gemeinschaft der Menschen mit Gott und untereinander. Gott erklärt diesen Tag zu seinem Eigentum: Da haben wir überall auf der Welt Gottesdienste, in denen Gott selbst seinen Menschenkindern dienen will – wenn sie da sind.

So hat Gott die gesamte Schöpfung gesegnet, und bis heute leben wir von seinem Segen. Selbst der Sündenfall, der die Menschen von ihrem Schöpfer trennte, konnte den Schöpfungssegen nicht auslöschen, nur beschneiden.

In den Kapiteln 6–8 im ersten Mosebuch lese ich, wie Gott zutiefst bekümmert ist über das, was seine Menschen anrichten. Er ist ein mit-leidender Gott, der selbst an der Sünde der Menschen leidet. Soll er alles Geschaffene in einem zornigen Gerichtsakt restlos wieder im Tohuwabohu versinken lassen und von vorne anfangen?

Aus seinem Schmerzzorn heraus hatte er sich zum Gericht

entschlossen. Nur an Noah und seiner Familie hatte er Freude; denn Noah war ein rechtschaffener Mann und lebte in enger Verbindung mit Gott. Ihm befiehlt Gott, auf dem Trockenen eine Arche zu bauen. Obwohl es Noah wahrscheinlich widersinnig erschien, gehorchte er. So konnte Gott während der großen Flut die Familie Noah und viele Tiere in dieser Arche retten. Als das Wasser sich verlaufen hatte, dankte Noah seinem Bewahrer mit einem Tieropfer. Der Herr freute sich darüber und sagte zu sich selbst: »Ich will die Erde nicht noch einmal bestrafen und alles Leben auf ihr ausrotten, nur weil die Menschen so schlecht sind. Solange die Erde besteht, folgen in stetem Wechsel Aussaat und Ernte, Frost und Hitze, Sommer und Winter, Tag und Nacht. Diese Ordnung ist unumstößlich.«

Gott segnete Noah und seine Familie und sagte zu ihnen: »Vermehrt euch und bevölkert die Erde! Ich schließe einen Bund mit euch und mit euren Nachkommen. Als Zeichen dafür setze ich meinen Bogen in die Wolken.«

So hat Gott seinen Schöpfungssegen wieder erneuert und auch uns heutige Menschen darin eingeschlossen. Dieser Segen gilt, solange die Erde besteht. Wir sind mit den Tieren und Pflanzen Gesegnete und sollen seinen Segen weitergeben an alle unsere Mitgeschöpfe.

Damit sagt uns die Bibel: Gott ist der alleinige Ursprung allen Segens. Sein Segensstrom, der in die ganze Schöpfung fließt, ist so vielfältig, dass niemand ihn völlig erfassen und beschreiben kann. Sein Segen wirkt als heilvolle Kraft und als zärtliche Liebkosung. Wir erfahren ihn als frohmachende Erfüllung, auch als Hilfe und Bewahrung und Heil.

Für das Gottesvolk Israel bedeutet Segen: »Der Herr wird seinem Volk Kraft geben; der Herr wird sein Volk beschenken mit Frieden« (Psalm 29,11). Ja, er wird es tun, wenn es zurzeit auch leider noch nicht danach aussieht.

Gottes Segensstrom fließt in unsere Welt.

Erkenne ich ihn?

Lasse ich mich füllen, dass ich davon weiterreichen kann?

An welcher Stelle steht mein Krug?

Kann ich in der Stille warten, bis er gefüllt ist?

4. Der Abrahamssegen

Gott sagte zu Abraham: »Ich will dich segnen, und du sollst ein Segen sein!« (1. Mose 12,2)

Doch Abraham hatte schlechte Vorbedingungen dafür. Schließlich glaubt er anfänglich wie alle Leute um ihn herum an verschiedene Götter und ist irgendwie nur religiös. Dann heiratet er Sarai, bei der sich später herausstellt, dass sie keine Kinder bekommt. Damals eine große Schande! Dann stirbt auch noch Abrahams Bruder und hinterlässt den kleinen Lot. So kommt dem Sippenvater Terach der Gedanke, mit dem unglücklichen Teil der Familie ins Land Kanaan auszuwandern. Ob es ihnen dort besser gehen wird? Sie erreichen bei weitem nicht das Ziel, sondern bleiben unterwegs in Haran hängen, wo der alte Terach stirbt.

So hat Abraham Leid, Unehre, Enttäuschung und eine abgebrochene Reise erlebt. Ausgerechnet ihn sucht Gott sich nun aus, um ihn zum Anfang eines gewaltigen Segensstromes zu machen: »Ich will dich zum großen Volk machen und will dich segnen und dir einen großen Namen machen. Und du sollst ein Segen sein! Ich will segnen, die dich segnen, und will verfluchen, die dich verfluchen. In dir sollen gesegnet werden alle Geschlechter auf Erden!«

Welch hohe Berufung!

Nachdem Gott Abrahams und Saras Geduld und ihr Vertrauen viele Jahre lang erprobt hatte, schenkt er den beiden endlich im Alter den lang ersehnten Sohn. So macht Gott sie zu Stammeltern für ein großes Volk. Den Menschen, mit denen sie in Berührung kommen, werden sie zum Segen. An verschiedenen Stellen im Land baut nun Abraham Gott einen Altar und betet ihn an. Die Kanaaniter sehen mit Staunen, dass er einen unsichtbaren Gott verehrt und sogar mit ihm redet.

Abraham ist nicht nur der Stammvater der Israeliten und der Araber, sondern ebenso »der Vater der Glaubenden«. Auch wir sind seine geistlichen Nachkommen, wenn wir uns von Gott rufen lassen, unseren Lebensweg mit ihm zu gehen, ihm in unserem Herzen einen Altar der Verehrung bauen und mit ihm im Gespräch bleiben.

Einer von Abrahams Nachkommen ist der Jude Jesus Christus, Gottes einzigartiger Sohn, der Retter der Welt.

In der Gemeinde gibt es immer wieder Christen, die neidisch auf die segensreichen Gaben anderer schauen. Vielleicht denken sie deprimiert von sich selbst: »Ich bin ganz und gar unbegabt! Mir fehlt so vieles! Ich bin eine Niete!« Aber Gott spricht zu solchen: »Du bist mir lieb und wert! Gerade dich kann ich brauchen! Ich habe dir mehr als nur eine geistliche Gabe geschenkt und auch den Raum dazu, sie zu entfalten. Achte darauf, was ich dir zeige! Du hast meinen vollen Segen!«

Wenn wir uns für Gottes Wertschätzung öffnen, so wie Abraham es tat, dann schenkt er jedem von uns eine persönliche Berufung, einen geführten Weg und geistliche Gaben. So werden wir für andere mehr und mehr ein Segen sein.

Zur Besinnung

Gott hat zu Abraham akustisch hörbar gesprochen.

Auf welche Art und Weise spricht er zu mir?

Woran kann ich merken, dass er es ist, der mit mir redet?

Abraham geht mit Gottvertrauen vorwärts.

Habe ich im Gehorsam bestimmte Schritte zu gehen? Welche?

5. Von einem, der leidenschaftlich den Segen begehrte

Gott, der Allwissende, vor dem Zukunft und Vergangenheit immer Gegenwart sind, sah voraus, dass der Abraham-Enkel Jakob sein ganzes Leben lang leidenschaftlich und mit allen Mitteln – leider auch unlauteren – den großen Segen des Erstgeborenen begehren und dass Esau, dem Erstgeborenen, ein solcher Segen zeitweise gar nicht so wichtig sein würde. Hat Gott deshalb den Jakob vorgezogen und ihn schon im Mutterleib zum Segensträger auserwählt?

Jedenfalls hatte der junge Jakob davon gehört, und in ihm wuchs ein Sehnen nach dieser Gottesgabe. Doch diese Sehnsucht war mit Machttrieb vermischt, und Jakob lauerte auf eine günstige Gelegenheit (1. Mose 25).

Mit diesem Erstgeburtssegen war damals ein spezielles Recht verbunden:

- Der Erstgeborene genoss die größte Familienehre und war das Stammesoberhaupt.
- Er hatte Anrecht auf den doppelten Teil des Erbes.
- Er trug die Verantwortung vor Gott und Menschen für seine Großfamilie.

Jakob war so scharf auf diesen besonderen Segen, dass er sich nicht schämte, sich ihn mit List und Betrug anzueignen.

Als Esau von dem Betrug erfuhr, schrie er auf vor Schmerz und Bitterkeit. Er schwor seinem hinterlistigen Bruder Rache: »Ich werde ihn umbringen!«

Um sein Leben zu retten, musste Jakob zu seiner Verwandtschaft in Mesopotamien fliehen. Dort wurde er selbst schamlos betrogen, erlebte aber auch in einer überwältigenden Gottesbegegnung die Bestätigung des göttlichen Segens.

Gottes treue Erziehung hat schließlich aus dem listigen Jakob einen demütigen »Israel« gemacht. Dessen Nachkommen nennen sich nach Jakobs neuem Namen »Kinder Israels« oder Israeliten. Und der 1948 gegründete Staat heißt nach dem Erzvater Israel.

Wer sich wie Jakob nach Gottes Segen ausstreckt, geht sicher nie leer aus; denn wir haben einen Gott, der liebend gerne segnet. Aber gesegnete und auserwählte Kinder Gottes kommen immer auch in seine Schule. Sie sollen gereinigt und reifer werden, damit sie bleibend Segensträger werden und »Frucht bringen«. Deshalb werden sie vom göttlichen Weingärtner beschnitten, was sie natürlich als schmerzhaft empfinden. Doch das Wegnehmen üppiger Triebe dient der Maximierung der späteren Frucht. Gottes Korrekturen – die Bibel nennt sie Züchtigungen – sind lebens- und fruchtnotwendig. Nur so entstehen reife, geläuterte Menschen, denen bewusst ist, dass die schmerzlichen Zeiten in ihrem Leben zu ihrem Besten dienen.

Damit Jakob nicht Gottes Schule verlässt, hat Gott ihn immer wieder durch geistliche Höhepunkte ermutigt. Darum gab es in Jakobs Leben Höhen, wo er Himmlisches erlebte, sogar Gott und die Engel sah, aber auch Tiefen, in denen er eigenes und fremdes menschliches Versagen erleiden musste.

Nach 20 schweren Dienstjahren, in denen der profitgierige Onkel Laban ihm 10-mal den Lohn verändert hatte, entschloss sich Jakob mit seiner Familie und den eigenen Herden in das Land seiner Väter heimzukehren. Wie wird der rachsüchtige Esau ihm begegnen? Jakob geriet in panische Angst.

Da erlebte er am Grenzfluss Jabbok in der Nacht eine geheimnisvolle Gottesbegegnung. Gott, der bisher als liebender Vater über ihm gewacht hatte, stellte sich ihm jetzt wie ein Fremder in den Weg und will mit Jakob abrechnen (1. Mose 32): Ein Mann trat ihm entgegen und rang mit ihm bis die Morgenröte heraufzog. Als der andere sah, dass sich Jakob nicht niederringen ließ, gab er ihm einen Schlag auf das Hüftgelenk, so dass es sich ausrenkte. Dann sagte er zu ihm: »Lass mich los; es wird schon Tag!« Aber Jakob erwiderte: »Ich lass dich erst los, wenn du mich gesegnet hast!« Da wurde Jakob gesegnet und erhielt den neuen Namen »Israel«, das heißt »ER herrscht, ER regiert als König«. Der Herr sagte zu ihm: »Du hast mit Gott und Menschen gekämpft und gesiegt. Darum wird man dich Israel nennen!«

Den ersten Segen, den Jakob durch seinen Vater Isaak erhielt, hatte er sich mit List erworben. Doch der Segen, den er jetzt nach dem nächtlichen Kampf in Pnuël bekam, machte einen neuen Menschen aus ihm; denn göttliche Segnungen haben immer eine tiefgreifende Wirkung.

Ein wiedergeborener Jakob-Israel betrat das Land Kanaan, das vor ihm lag. Allerdings hatte Gott ihn gezeichnet: Seit dem nächtlichen Gotteskampf hinkte er. Jeder Schritt erinnerte ihn daran. Alle Leute konnten es sehen: Der fromme Jakob hat ja einen Makel! Guck – er hinkt!

Zurückblickend erkannte er die lückenlose Treue Gottes, die trotz seiner Untreue und der Zick-Zack-Wege ihn stets begleitet hatte.

Jakob-Israel, ein von Gott Gesegneter, ein gereinigter Segenskanal für seine Mitmenschen, sogar für seinen Bruder Esau! Nun hatte er die Kraft und den Auftrag, andere zu segnen. So segnete er im Alter den heidnischen Pharao. Er segnete seine Enkel und seine Söhne. Jedem gab er einen besonderen Segen mit auf seinen Lebensweg.

Was hat Gott aus einem Jakob mit solch schlechter Veranlagung gemacht: einen demütigen Überwinder, auf dem die Heiligkeit Gottes liegt, einen segnenden Erzvater für das Volk Israel, aus welchem dann Jesus Christus hervorgeht!

Zur Betrachtung

Was drückt jede der vier Hände aus?

Woran erkenne ich, dass hier nicht zwei Feinde gegeneinander kämpfen?

Bild: Jakob ringt mit dem Herrn: »Ich lasse dich nicht, du segnest mich denn!« von Walter Habdank

6. Der Aaronitische oder priesterliche Segen

Es gibt wohl niemand unter Juden und Christen, der nicht schon mit dem Aaronitischen Segen gesegnet worden wäre. Dieser Segen wurde im Alten Testament den Priestern aufgetragen. Martin Luther sagt: »Es ist der Segen, den der Herr selbst so angeordnet hat.« Darum hat er auch diese besondere Kraftwirkung. Er steht in 4. Mose 6,22-27:

> Der Herr redete mit Mose und sprach: Sage Aaron und seinen Söhnen und sprich: So sollt ihr zu den Israeliten sagen, wenn ihr sie segnet:
> *Der Herr segne dich, und er behüte dich!*
> *Der Herr lasse sein Angesicht leuchten über dir und sei dir gnädig!*
> *Der Herr hebe sein Angesicht über dich und gebe dir Frieden!*
> So sollen sie meinen Namen auf die Israeliten legen, und ich will sie segnen.

Meistens wird der Aaronitische Segen am Schluss des Gottesdienstes in dieser alten Form von Prediger, Priester, Pfarrer oder Pfarrerin der versammelten Gemeinde zugesprochen. Es ist die göttliche Zusage: »Ich – der Herr – will sie segnen!« Und Gott hält sein Versprechen! Wenn er sagt: »Ich will«, dann tut er es verlässlich.

Mit diesem Segen wird der Name Gottes auf die Gemeinde und jeden Einzelnen gelegt. Gott schreibt mit dem Segensspruch seinen Namen in die Gesegneten; sie gehören nun zu ihm. Darum vertrauen sie ihm und fühlen sich bei ihm geborgen. Wenn sie in Bedrängnis und Nöte geraten, rufen sie ihn an und bitten ihn um Hilfe.

Manchmal finden die Gottesdienstbesucher die Predigt

recht langweilig und die Gebete nicht nachvollziehbar, weil diese für sie fremdartig klingen. Doch den Segen des Herrn nehmen sie gern mit in ihren Alltag.

Der Aaronitische Segen wird in drei Doppelsätzen gesprochen:

Er beginnt mit: *»Der Herr segne dich!«* Das heißt: Er schenke dir äußeres und inneres Wohlergehen, Glaube, Liebe und Hoffnung – ja, alles, was du zum Leben brauchst.

»Der Herr behüte dich!«, in einer Welt voller Gefahren vor allem, was schaden kann: vor Unfall, plötzlichem Tod, schwerer Krankheit, dem Zerbruch von Beziehungen ... und vor Satan, unserem Erzfeind. Gottes Obhut macht uns sicher und zuversichtlich.

»Der Herr lasse leuchten sein Angesicht über dir!« Gerade auf dunklen Wegstrecken benötigen wir sein Licht; seine Nähe, dass wir keine Angst zu haben brauchen. Wenn sein Antlitz über uns aufleuchtet, dann wird ein Abglanz auf unser Leben fallen und sich auch in unseren Gesichtern spiegeln.

»Der Herr sei dir gnädig!« – auch wenn wir vor Gott und Menschen schuldig geworden sind. Er schenkt uns seine Barmherzigkeit gerade dann, wenn wir von Menschen böse behandelt werden. Wir haben einen gnädigen Gott mit einem freundlichen Angesicht. Unter seiner Herrschaft können wir aufatmen.

»Der Herr hebe sein Angesicht über dich!« Das heißt: Er möge sich dir zuwenden und dich liebevoll anschauen. Das Angesicht, welches der dreimal heilige Gott uns zuwendet, ist das Gesicht Jesu, seines Sohnes. Er hat gesagt: »Das sollt ihr wissen: Ich bin immer bei euch, jeden Tag, bis zum Ende der Welt!« (Matthäus 28,20). Durch Jesus können wir das Wesen des Vaters erkennen, das uns oft verborgen ist.

»Der Herr gebe dir Frieden!«, lautet der letzte Satz des priesterlichen Segens.

Das ist der Friede, den uns die friedlose Welt nicht geben kann – der Friede, den Jesus sterbend am Kreuz geschaffen hat, als er rief: »Es ist vollbracht!«

Dieser Friede kann sich in unserem Leben nach allen Seiten hin ausbreiten:

Friede mit Gott – mit den Nächsten – mit den Umständen, die mich umgeben – Friede mit mir selbst und meinem Sosein, meinen Gaben und Grenzen – Friede mit den traurigen Schattenseiten in meiner Vergangenheit.

Wenn wir gesegnet sind, dann ist alles, was zu uns gehört, auch gesegnet: unser Besitz, unsere Familie, unsere Arbeit und unsere Freizeit – sogar unsere Verluste und selbst unsere Enttäuschungen sind gesegnet. Gottes Segen ist tief und nachdrücklich wirksam.

7. Der trinitarische Segen

In vielen Gottesdiensten und besonderen Feiern wird auch der trinitarische Segen gesprochen:

> *Es segne und behüte euch/dich*
> *Gott, der Allmächtige und Barmherzige,*
> *Vater, Sohn und Heiliger Geist.*

Es ist ein kurzer und einfacher Segen. Es wird wenig ausgesagt, was dieser Segen bringt, dafür wird deutlich gesagt, wer ihn austeilt – der dreieinige Gott:

Es segnet und behütet uns der Schöpfer, der alles geschaffen hat – die sichtbare und die für uns unsichtbare Welt –, *der Allmächtige*. Er hat alle Macht im Himmel und auf Erden. Er, der *Barmherzige*, liebt und erhält seine Schöpfung und bringt sie zu einem wunderbaren Ziel. Er hat uns schon im Mutterleib das Leben gegeben und hat für jeden einen liebevollen Plan. Er ist der vollkommene *Vater* und liebt uns, seine Kinder, ohne Ende. Er ist voll Güte und Erbarmen und nie auszuschöpfender Geduld.

Es segnet und behütet uns der Sohn Jesus Christus, der menschgewordene Gott. Ihn können wir uns vorstellen; denn er hat unter uns gelebt und gelitten. Wenn wir auf ihn sehen, dann erkennen wir, wie sein und unser Vater ist. Jesus, das Lamm Gottes: Auf ihn legt der göttliche Richter unsere Schuld, die uns von ihm trennt. Jesus übernimmt sie und büßt dafür. Sein Kreuz, an dem er starb, ist sozusagen die Brücke, die über den tödlichen Abgrund ins ewige Leben hineinführt. Der Auferstandene nennt die Gemeinde seinen Leib – durch sie wirkt er in der Welt.

Es segnet und behütet uns der Heilige Geist. Ohne ihn könnten wir nicht glauben und eine vertrauensvolle Beziehung zum dreieinigen Gott pflegen. Er erklärt uns die Heilige Schrift und erinnert uns an das, was Jesus gesagt hat. Er versichert uns, dass wir Gottes geliebte Kinder sind. Er entfacht in uns ein stilles Feuer der Gegenliebe zu unserem himmlischen Vater und zu Jesus Christus. Er baut die Gemeinde als Leib Jesu Christi, an welchem dieser das Haupt ist. Dazu können die Gesegneten nur eines sagen: Amen! Ja, so ist es!

8. Der Segen im Neuen Testament

Auch im Neuen Testament ist Gott der zum Segnen Beauftragende und vor allem selbst der Segenspender.

Das Wort »segnen« heißt in der griechischen Sprache des Neuen Testamentes »eulogein«. Das bedeutet: loben, glücklich machen, danken. Übersetzt man die erste Silbe »eu« wörtlich, dann ergibt sich eine Bedeutungsbreite von neun Wörtern: gut, wohl, zugehörig, schön, günstig, glücklich, genau, geschickt, brav.

Segnen zielt deshalb auf ein ermutigendes Sprechen ab, welches aus einer wohlmeinenden Gesinnung kommt.

Die Bedeutung des griechischen Wortfeldes für loben, segnen und Lob, Segen kommt im Neuen Testament 68-mal vor.

Von Jesus selber wird zweimal berichtet, dass er segnete: die Kinder (Markus 10,16) und die Jünger (Lukas 24,50–51). Welche Worte er gebrauchte, wurde nicht überliefert. Vielleicht sagte er nur, wie es damals üblich war: »Seid von Gott gesegnet!« Er füllte diese wenigen Worte mit göttlicher Segenskraft.

Direkt vor seiner Himmelfahrt segnete der Auferstandene zum Abschied die Jünger (Matthäus 28; Markus 11; Lukas 24; Johannes 20):

Jesus führt seine Jünger, denen er zuvor in einer Rede mit Vermächtnischarakter letzte Weisungen gegeben hatte, aus Jerusalem hinaus in Richtung Betanien. Dort angekommen hebt er seine Hände hoch und segnet seine Jünger, die vor ihm knien und um ihn herum stehen. Noch während des Segnens wird er vor ihren Augen zum Himmel emporgehoben. Der Segnende geht nun zum Vater allen Segens.

Es ist ein Abschiedssegen. Vorher hatte Jesus zum letzten

Mal seinen Tod gedeutet und seine Jünger zum Zeugendienst in aller Welt beauftragt. Dafür werden sie den Heiligen Geist erhalten, versprach er ihnen. Als er dann nach dem letzten Gang mit ihnen seine Hände erhob und sie segnete, wurden diese seine letzten Worte durch seine priesterliche Geste unvergesslich verstärkt. Dieser Segen vergewisserte die Jünger, dass ihr Herr über seine irdische Existenz hinaus weiterhin bei ihnen anwesend ist. Sie warfen sich vor dem Segnenden nieder und sahen ihm nach, als er sich in die für sie unsichtbare Welt erhob. Eine heilige Abschiedsstunde. Danach gingen sie voller Freude nach Jerusalem zurück. Dort im Tempel priesen sie Gott. Sie waren überzeugt, der Herr wird ihnen weiterhin ganz nah sein, auch wenn sie ihn nicht mehr sehen können.

Vor diesem Ereignis berichten alle vier Evangelisten vom Einzug Jesu in Jerusalem. Die Volksmenge begrüßte ihn mit einem Zitat aus dem Psalm 118: »Hosanna! Gesegnet sei, der da kommt in dem Namen des Herrn! Hosanna in der Höhe!« Jesus wird für seinen Weg ans Kreuz der Gottes-Segen zugesprochen. Damit wird der Kreuzestod Jesu als segnendes Rettungshandeln Gottes angedeutet.

In Apostelgeschichte Kapitel 3 wird berichtet, was Petrus nach der Heilung eines Gelähmten im Tempel predigte. Am Schluss wird der auferstandene Christus als der einzigartige Segen Gottes verkündigt: »So hat Gott seinen bevollmächtigten Diener Jesus zuerst zu euch gesandt, nachdem er ihn vom Tod auferweckt hat. Durch ihn werdet ihr gesegnet, wenn ihr euch von eurem bösen Tun abkehrt!«

Aber auch Menschen stellen andere Menschen unter Gottes Segen. Am Anfang des Lukasevangeliums begegnen wir Elisabeth, die Maria segnet. Sie wird vom Heiligen Geist erfüllt und sagt prophetisch zu Maria: »Von Gott gesegnet bist du und gesegnet ist die Frucht deines Leibes!« Für Maria ist dieser Segensgruß die Zusage Gottes, dass er ihr in diesem Zustand ganz besonders nahe ist. Sie ist gesegneten Leibes. Und das Kind, das sie trägt, ist von Gott mit einer einzigartigen Berufung gesegnet.

Weiter berichtet Lukas, dass der alte, gottesfürchtige Simeon auf Drängen des Heiligen Geistes gerade dann in den Tempel geht, als Josef und Maria mit dem Jesuskind ein Dankopfer bringen. Simeon segnet die Eltern und das Kind. Ihnen wird die Nähe Gottes zugesprochen: den Eltern Trost und Stärkung für kommende Nöte.

Es kann jedoch der Segen und das Segnen auch mit unserem ethischen Verhalten zusammenhängen:

In Evangelien und Briefen wird erwartet, dass Christen eine ganz neue Haltung einnehmen: Sie sollen nicht nur ihre Freunde, sondern sogar ihre Feinde und Verfolger segnen (Matthäus 25,34; Lukas 6,28; Römer 12,14; 1. Korinther 4,12; Jakobus 3,10; 1. Petrus 3,9). Jesus sagt (Matthäus 5,44–45): »Liebet eure Feinde! Segnet, die euch fluchen! Tut wohl denen, die euch hassen! Bittet für die, die euch beleidigen und verfolgen! Dann seid ihr Kinder eures Vaters im Himmel; denn er lässt seine Sonne aufgehen über die Bösen und die Guten und lässt regnen über Gerechte und Ungerechte.«

Das gelingt uns nur, wenn wir oft und viel mit Gott über solche Menschen reden, die uns gar nicht liegen, die uns unsympathisch sind und die uns Knüppel zwischen die Beine werfen. Im Gebet werden wir von Antipathien und Aggressionen befreit. Noch mehr: Es kann uns sogar aufgehen, dass sich diese schwierige Person gar nicht anders verhalten kann – wodurch auch immer – und insgeheim darunter leidet, dass sie so ist, wie sie ist. Dadurch erhalten wir eine ganz neue

Sicht und werden fähig, sie zu segnen einfach dadurch, dass wir jetzt positiv über sie denken und sie akzeptieren, dass wir überlegen, wie wir ihr helfen und sie erfreuen könnten.

Wer sich den Balken aus dem eigenen Auge entfernen ließ, wird barmherzig sein, wenn er den Splitter im Auge des Nächsten sieht. Wir wissen: Gottes Gnade gilt ausnahmslos jedem Menschen, auch dem, den wir von Natur aus nicht leiden können.

Wer Hungrigen zu essen, Durstigen zu trinken und Obdachlosen eine Bleibe gibt, der ist ein Gesegneter und sogar ein Erbe des himmlischen Vaters.

Im Neuen Testament wird viele Male angedeutet, dass wir den Segen in Christus haben. Jesus Christus ist unser Segen. Er ist die Erfüllung des Segens für Abraham, und dieser Christussegen gilt uns allen: Gott selbst ist uns in seinem Sohn ganz nah gekommen.

Paulus schreibt der christlichen Gemeinde in Ephesus, was der Christussegen alles enthält (Epheser 1):

»Gelobt sei Gott, der uns gesegnet hat mit allem geistlichen Segen durch Christus«:

Er liebte uns, schon bevor er die Welt schuf.

Er hat uns von Anfang an erwählt, sein Volk zu sein.

Er hat uns heilig und untadelig vor ihm gemacht.

Er hat uns als seine Kinder angenommen.

Er hat uns seine Gnade erwiesen. Wir sind ihm angenehm.

Er ließ Christus zu unserer Rettung sterben.

Er hat uns aus dem Machtbereich des Satans erlöst.

Er hat uns unsere ganze Schuld vergeben.

Er schenkte uns Weisheit und Einsicht, um sein Handeln zu erkennen.

Er hat uns das Geheimnis seines Willens wissen lassen.

Er hat uns zu seinen Erben eingesetzt.

Er hat uns mit seinem Heiligen Geist versiegelt.

Er hat uns zu seinem Eigentum gemacht.

Also unendlich viel Segen!

In der Regel ist Segnen ein Sprachgeschehen, in dem einem Menschen von Gott oder von einem anderen Menschen die göttliche Nähe zugesprochen wird. Deshalb gibt es im Neuen Testament kein Segnen von Gegenständen. Die Gesegneten erfahren das Segnen als Kraftwirkung, Trost, Heilung, Sendung, Erfüllung und göttliche Taten.

So sind Segen und Segnen immer ein Zusprechen von Gottes Nähe. Doch der größte Segen, den wir nie ausschöpfen können, ist der menschgewordene Gottessegen Jesus Christus.

Römische Legionäre ließen sich auf dem Rücken das Monogramm des Cäsars einbrennen. Sie wollten damit zum Ausdruck bringen: Wir gehören auf Gedeih und Verderb unserem Feldherrn. Ihm gehorchen wir.

Auch Menschen, die zu Jesus gehören, sind signiert. Nicht durch äußere Zeichen, vielmehr mit der Fähigkeit, unsere Nächsten zu ermutigen, unsere Feinde zu lieben und zu segnen, wo man sonst flucht.

Zur Besinnung

Weiß auch ich mich von dem Auferstandenen gesegnet?

9. Gesegnet, um zu segnen

Als ich noch ein Neuling im Pfarramt war, sollte ich die erste Konfirmation meiner Amtszeit durchführen und stand dann vor dem Problem: Mit welchen Worten soll ich die 60 Konfirmandinnen und Konfirmanden einsegnen? In der Agende wurden drei Formeln vorgeschlagen; eine von ihnen sagte mir besonders zu. Werde ich nun 60-mal diesen Segensspruch mit Geist füllen können? Weil ich eine tiefe Abneigung gegen jegliche fromme Leier habe, war ich ratlos.

In jenen Tagen nahm ich eine Einladung in einen Hauskreis in der Nachbargemeinde an. Ein holländischer Missionar berichtete von seinen Einsätzen als Bibelschmuggler hinter dem »Eisernen Vorhang«. Ich war beeindruckt von der Sensibilität dieses Missionars. Obwohl er mir fremd war, fasste ich Vertrauen zu ihm und bat ihn nach dem Ende der Veranstaltung: »Bitte, segnen Sie mich!« Wir saßen uns am Tisch gegenüber, und er legte seine Hand auf meine gefalteten Hände. Er fragte nicht, wer ich sei und welches Anliegen ich hätte, sondern konzentrierte sich und sagte mit seinem holländischen Akzent: »Herr, segne meine Schwester, dass sie andere segne: Gib ihr segnende Gedanken. Hilf ihr, segnende Worte auszusprechen. Gib ihr segnende Hände, dass sie deine Segenskraft und dein Wohltun übermitteln können. Schenke ihr einen segnenden Blick, dass Menschen Vertrauen zu ihr gewinnen. Lenke ihre Füße auf einen Segensweg, den du ihr vorgegeben hast. Schaffe in ihr eine Antenne, die deine Schwingungen auffangen kann. Verleihe ihr eine innere Uhr, dass sie nicht zu schnell und voreilig handelt, aber auch nicht zu spät. Du sendest sie und gibst ihr die notwendigen Gaben. Lass sie auch ihre Grenzen erkennen, dass sie sich nicht übernimmt! Amen.«

Ich wunderte mich über diese zweite Ordination. Äußerlich, als wäre sie das Natürlichste auf der Welt – innerlich mit einer besonderen Tiefe.

Sehr ermutigt fuhr ich nach Hause. Den Konfirmanden erklärte ich dann: »Jeder von euch erhält bei der Konfirmation einen ganz persönlichen Segen. Passt mal auf!« So waren sie bei der Einsegnung besonders gespannt und innerlich gesammelt. Aber auch die ganze Festgemeinde lauschte auf die Segensworte, die der Heilige Geist mir eingab. Ich selber war konzentriert und dankbar, dass Gott mich nicht hängen ließ. Nach dem Gottesdienst meinte eine Presbyterin: »Ich wundere mich, dass Sie fürs Segnen so viele Bibelworte auswendig gelernt haben!« Ich hütete noch eine Zeit lang mein Geheimnis. Doch ich freute mich, dass die Segensworte biblisch fundiert waren.

Ein Schlüsselerlebnis! Eine neue priesterliche Dimension tat sich mir auf: das Segnen. Es half mir, auch bei vielen anderen kirchlichen und seelsorgerlichen Gelegenheiten mich beim Segnen auf den Heiligen Geist zu verlassen. Ich werde ihm ewig dankbar sein, dass er mich nie im Stich gelassen hat!

Gebet von St. Martin aus dem 4. Jahrhundert:

Herr, segne meine Hände,
dass sie behutsam seien,
dass sie halten können, ohne zu Fesseln zu werden,
dass sie geben können ohne Berechnung,
dass ihnen innewohnt die Kraft zu trösten und zu segnen.
Herr, segne meine Hände!

Herr, segne meine Augen,
dass sie Bedürftigkeit wahrnehmen,

dass sie das Unscheinbare nicht übersehen,
dass sie hindurchschauen durch das Vordergründige,
dass andere sich wohlfühlen können unter meinem Blick.
Herr, segne meine Augen!

Herr, segne meine Ohren,
dass sie deine Stimme zu erhorchen vermögen,
dass sie hellhörig seien für die Stimme der Not,
dass sie verschlossen seien für Lärm und Geschwätz,
dass sie das Unbequeme nicht überhören.
Herr, segne meine Ohren!

Herr, segne meinen Mund,
dass er dich bezeuge,
dass nichts von ihm ausgehe, was verletzt und zerstört,
dass er heilende Worte spreche,
dass er Anvertrautes bewahre.
Herr, segne meinen Mund.

Herr, segne mein Herz,
dass es Wohnstatt sei deinem Geist,
dass es Wärme schenken und bergen kann,
dass es reich sei an Verzeihung,
dass es Leid und Freude teilen kann.
Herr, segne mein Herz!

Zur Besinnung

Welche Bitte aus dem Gebet von St. Martin will ich mir
besonders aneignen?

10. Drei Formen des Segnens

Wir können mindestens drei Formen des Segnens benutzen und sie mit priesterlicher Vollmacht füllen lassen: Da ist der Segenszuspruch, die Segensbitte und das segnende Beten.

Der *Segenszuspruch* wird oft mit einer Segensgeste verbunden. Wir hören ihn zum Beispiel am Schluss des Gottesdienstes: »Der Herr segne dich ...!«, oder »Der Herr segne euch und behüte euch ...!« Aber auch in kleinen Gruppen oder im Zweiergespräch hören wir gern: »Gott segnet dich und hat dich lieb!«

Das Segnen ist in diesem Augenblick Gottes Tun. Wir selber brauchen uns nicht anzustrengen, sondern öffnen uns für den Segensempfang. Für viele Menschen hat der zugesprochene Segen eine wichtige Bedeutung. Sie erhalten bedingungslos eine positive Zusage. Es entlastet sie, wenn sie von einer anderen Person Gottes Segen auf den Kopf zugesagt bekommen. »Dann weiß ich es ganz sicher: Ich bin von Gott geliebt und gesegnet!«, sagte mir meine Freundin. »Wenn ich wieder eine depressive Phase habe, setze ich mich aufs Fahrrad und fahre durch den Haßlocher Wald. Dann trete ich fest in die Pedale und sage dabei laut im Tretrhythmus: ›Von Gott geliebt und gesegnet! Von Gott geliebt und gesegnet!‹ Das ist Medizin für mein Gemüt.«

Bei *Segensbitten* stellt sich zum Beispiel der Beter innerlich an die Seite der Gemeinde, obwohl er vorne steht, und sagt: »Wir bitten um den Segen des Herrn: Herr, segne uns und behüte uns ...!« Die Segensbitte wird in einer Gemeinschaft ausgesprochen, wo die Liturgin/der Liturg stellvertretend für die anderen den Segen erbittet. Die Gemeinschaft oder die Gruppe schließt sich innerlich dieser Bitte an.

Besonders wenn Gottesdienst oder Bibelstunde von mehreren vorbereitet wurden, sind gemeinsame und stellvertretende Segensbitten stimmiger als ein zugesprochener Segen.

Es gibt also kein Richtig oder Falsch zwischen Segenszuspruch oder Segensbitte. Viele Segensformen können sowohl für die eine als auch für die andere Situation formuliert werden. Die Verantwortlichen müssen jeweils entscheiden, welche Form ihnen selbst und auch der Situation angemessen ist.

Das *segnende Beten* ist die dritte Form, die jedem jederzeit möglich ist. Beten heißt, wie Oetinger sagt: »Mit Gott wirken!« Es gibt also nicht nur ein Gebet um Segen, sondern auch ein Gebet, das selbst ein Segnen und Behüten ist. Manchmal werden Mütter mitten in der Nacht von dem Gedanken geweckt: »Mein erwachsenes Kind ist in Gefahr!« Sie können es nicht erreichen, sie können es nicht mehr behüten wie früher, als es klein war, sie können nur beten. So stellen sie im Gebet die Engel um ihr Kind und segnen es.

Der Sohn von Philipp Jakob Spener, dem Vater des Pietismus, ging Wege, die dem Vater nicht gefielen. Nach dessen Tod rief der Sohn aus: »Die Gebete meines Vaters stehen um mich wie Berge!« Oft haben wir keine andere Möglichkeit, unseren Lieben zu helfen, als dass wir unsere Gebete wie Berge um sie stellen – ein machtvoller Schutz gegen Gefahren von außen und von innen.

Paulus schreibt an seinen geistlichen Sohn Timotheus: »Tag und Nacht denke ich dankbar an dich in meinen Gebeten« (2. Timotheus 1,3). Was muss das für den jungen Timotheus, der eine große Verantwortung übernommen hatte, für eine Stärkung gewesen sein!

Die Liederdichterin Dora Rappard (1842–1923) konnte spüren, wie jemand sie im Gebet gesegnet hat. So dichtete sie:

Oft kommt zu mir aus Himmelshöh'n
ein Gruß wie sanftes Lobgetön,
ein Wort der Hoffnung und der Kraft,
ein Strahl, der neuen Mut mir schafft,
ein Hauch, der meinen Geist umweht.
Wodurch?
Ein Herz hat Segen mir erfleht –
und Gott erhörte das Gebet.

Worum es beim segnenden Beten geht, fasst der jüdische Bibellehrer Pinchas Lapide in seiner Auslegung von Jakobs Traum von der Himmelsleiter so zusammen: »›Und siehe, eine Leiter stand auf der Erde, die rührte mit der Spitze an den Himmel, und siehe, die Engel Gottes stiegen darauf auf und nieder‹ (1. Mose 28,12). Warum das dauernde Auf- und Niedersteigen? Die Engel steigen hinauf, so heißt es in einer alten Deutung, um alle Segenssprüche der Menschen zu Gott zu bringen; sie steigen dann wieder hernieder, um Gottes Segen zu uns herabzuholen. Die Leiter selbst ist ein willenloses Werkzeug. Aber sie dient der pausenlosen Wechselbeziehung zwischen oben und unten, auf der die Welt beruht.

Der Strom der gegenseitigen Segnungen, die zu Gott emporsteigen und herab auf uns alle kommen, der ist es, welcher Himmel und Erde zusammenhält und der Erde den festen Bestand gewährt.«

11. Wer darf segnen?

Als das wandernde Volk Israel am Berg Sinai angekommen war, sagte Gott zu Mose: »Sage den Israeliten, den Nachkommen Jakobs: Ihr sollt mein Volk sein vor allen Völkern; denn die ganze Erde ist mein. Und ihr sollt mir ein Königreich von Priestern und ein heiliges Volk sein!« Ist somit jeder aus dem Volk Israel ein Priester? Gott hat eine Bedingung daran geknüpft: »Wenn ihr meiner Stimme gehorcht und meinen Bund haltet!« (2. Mose 19,6)

Weil aber das Volk Israel immer wieder ungehorsam geworden ist und fremden Göttern gedient hat, durften im Alten Testament nur die Priester opfern, lehren, im Heiligtum dienen und segnen. Einen Sonderauftrag hatten die Propheten.

Im Neuen Testament hat sich der priesterliche Auftrag geweitet, denn Petrus schreibt an die Gemeinde (1. Petrus 2,9): »Ihr aber seid das erwählte Volk, ein Volk von Königen, die Gott als Priester dienen – ein heiliges Volk, das Gott selbst gehört! Er hat euch aus der Dunkelheit in sein wunderbares Licht gerufen, damit ihr seine machtvollen Taten verkündet.« Welch eine hohe Berufung!

Paulus vergleicht die Gemeinde mit einem lebendigen Leib, an dem der segnende Christus das Haupt ist. Er schreibt (1. Korinther 12): »Ihr alle seid zusammen der Leib Christi; jeder Einzelne von euch ist ein Teil davon, und jedem hat Gott seinen bestimmten Platz zugewiesen.« Und Johannes schreibt in der Offenbarung (1,6): »Er hat uns zu Mitherrschern in seinem Reich gemacht und zu Priestern, die Gott, seinem Vater, dienen dürfen.« Also ist die Verkündigung der Botschaft von Jesus Christus angelegt auf das Priestertum all jener, die vom Geist Gottes erfasst worden und nun Glieder am Leib Jesu Christi sind.

Der Reformator Martin Luther hat das biblisch begründete »Allgemeine Priestertum«, dieses »Priestertum aller Gläubigen«, wieder neu entdeckt. Er beschreibt es so: »Alles, was aus der Taufe gekrochen ist, mag sich rühmen, dass es schon zum Priester, Bischof und Papst geweiht sei!«[*] Hat Luther zu hoch gegriffen?

Das Wort Priester ist das Gleiche wie Presbyter, das heißt Gemeindeältester. Bischof kommt von Episkopus, das heißt Aufseher – nicht im Sinn von »Aufpasser«, sondern »im Blick haben«. Papst heißt »Papa«. Ich denke, dass wir väterliche und mütterliche Christen sein sollen – Väter und Mütter im Glauben. Das Wort Pastor heißt Hirte. Nicht nur der Pfarrer soll ein Hirte sein, sondern auch gläubige Gemeindeglieder können seelsorgerliche Verantwortung übernehmen.

Das Allgemeine Priestertum war für den Reformator das in der Liebe Christi tätige Füreinander: Alle Christen sind in gleicher Weise Priester, das heißt Werkzeuge Gottes, die Gott gebraucht, um seine Gemeinde aufzubauen.

Altbischof Theo Sorg, Stuttgart, sagt: »Nach dem Neuen Testament ist jeder, der an Jesus Christus glaubt und zu ihm gehört, in diese priesterliche Funktion berufen. Darum kann der Dienst des Segnens nicht allein auf die Amtsträger der Kirche beschränkt sein. Er darf von jedem angenommen werden, der von Herzen Jesus Christus angehört. Nicht jeder Christ kann ein Amtsträger sein, aber jeder sollte zu einem Segensträger werden!«

Von den klassischen Priesteraufgaben können heute folgende für den Gemeindeaufbau neu wirksam werden:

– lehren: die Bibel auslegen und in das heutige Alltagsleben übertragen

---

[*] An den christlichen Adel deutscher Nation, 1520

- leiten: Hauskreise, Gruppen, Gremien, Einsätze
- Sünden binden und lösen: diese seelsorgerliche Aufgabe setzt eine geistliche Reife voraus, die sich nicht jeder anmaßen sollte
- beten: insbesondere die priesterliche Fürbitte für Kirche, Mission und Welt, Dank und Gotteslob
- opfern: Zeit, Kraft, Geld und Einsatz für Dienste
- Glaubensfragen beurteilen: sie sind an der Heiligen Schrift zu messen
- das seelsorgerliche Gespräch, auch andere zum Glauben hinführen
- trösten und segnen.

Dürfen auch Frauen segnen? Wenn sie es in der Familie tun, bleibt es unbestritten. Aber in der Öffentlichkeit? Hier gilt, was damals schon Paulus geschrieben hat (Galater 3,28): »Es hat nun nichts mehr zu sagen, ob einer Mann oder Frau ist. Durch eure Verbindung mit Jesus Christus seid ihr alle zu einem Menschen geworden.« Doch in manchen frommen Gemeinschaften ist diese Botschaft noch nicht angekommen!

»Willscht, dass ich noch bet'?«

Ein junger Pfarrer, der eine Predigt halten sollte, wurde vorher von einer Frau noch zurückgehalten: »Bitte, segnen Sie mich, Herr Pastor! Ich brauche Gottes Segen für eine bestimmte Angelegenheit!« Der Pfarrer war etwas verlegen. Er fühlte sich überfordert, denn er hatte im Segnungsdienst noch keine Erfahrung. Auch wurde in seiner Ausbildung nie darüber gesprochen. Da kam ihm ein guter Gedanke: »Darf ich Sie bitten, mich zuerst zu segnen; danach werde ich Sie segnen!« Die Frau willigte ein und fragte: »Darf ich meine Hand auf Ihren Arm legen?« Sie berührte mit ihrer rechten

Hand seinen Unterarm und hob ihre linke etwas hoch und sagte betend: »Unser Vater im Himmel und unser lieber Herr Jesus Christus und der Heilige Geist segne Sie für Ihren Dienst: Er schenke Ihnen Vollmacht und die rechten Worte. Er helfe Ihnen, dass Sie ohne Ängste das weitersagen, was er Ihnen zuvor eingegeben hat. Amen.«

Der Pastor war verblüfft. Nun wusste er, wie ein freies Segnen ohne Agende vor sich geht. Er hob seine Hände ein wenig hoch, fragte innerlich den Heiligen Geist: »Was soll ich ihr sagen?« und begann: »Der dreieinige Gott segne Sie für die schwierige Angelegenheit, die wie ein Berg vor Ihnen steht. Er gebe Ihnen die Weisheit, nur das zu reden, was notwendig ist, und zur rechten Zeit zu schweigen. Ja, er schenke Ihnen jetzt die Kraft zum Vergeben und zum Versöhnen! Amen.«

Nun war die Frau erstaunt: »Sie haben ja genau das für mich erbeten, was ich brauche! Danke!« Erleichtert und zugleich ermutigt ging sie weg. Ebenso dankbar ging der Pastor an seinen Dienst. Das allgemeine Priestertum hat sich bewährt.

Zur Betrachtung

Die Mitte des Bildes ist Jesus Christus.
Die Mitte von Himmel und Erde ist Jesus Christus.

Ist er auch die Mitte meines Lebens?
Oder steht er noch ganz am Rand?

Was wollen die Menschen auf dem Bild von Jesus?
Heilung, Hilfe, Segen, Antwort, seine Nähe?

Was will ich heute von ihm?

Meine langjährige Kirchendienerin Ilse Kiefaber hatte die Gabe, alte und kranke Gemeindeglieder zu besuchen. Wenn sie mit den Besuchten ein sinnvolles Gespräch hatte, fragte sie echt pfälzisch und herzhaft: »Willscht, dass ich noch bet'?« Sie war mit vielen in unserem Dorf per Du. Dann sprach sie ein kurzes, freies Gebet und schloss mit Vaterunser und Segen. Darauf hörte sie öfters: »Du machst es ja genauso wie unsere Frau Risch!« – »Klar«, erwiderte sie, »ich hab's ja oft genug von ihr gehört!« Ihr wurde es abgenommen; denn ihr Christsein war im Dorf bewährt und anerkannt. Es wirkte auf ihre Umgebung natürlich und transparent. Wenn meine Kirchendienerin mir Hinweise gab, waren sie mir immer wichtig. Eine unschätzbar wertvolle Mitpriesterin!

Jesus Christus spricht: Wie mich der Vater gesandt hat, so sende ich euch!   *Johannes 20,21*

Bild (s. S. 41): »Hundertguldenblatt« von Rembrandt (Ausschnitt)

12. Unser Taufsegen

Als ich nach drei Söhnen und einer schlimmen Fehlgeburt endlich das ersehnte Töchterchen gebar, da war ich überglücklich. Ich konnte es nicht fassen, als die Hebamme rief: »Ein Mädchen!« Die ganze Gemeinde in Großalmerode freute sich mit uns. Unsere kleine Prinzessin wurde ununterbrochen Tag und Nacht von mir bemuttert und nicht mehr aus den Augen gelassen. Mein Mann warnte freundlich: »Ich sehe da ein Problem auf uns zukommen. Es heißt ›Festhalten oder Loslassen!‹«

Voller Dankbarkeit und Mutterstolz brachte ich unser Töchterchen zur Taufe in die Kirche. Glaubensvoll betete ich: »Vater, in deine Hände lege ich unsere kleine Tochter. Du hast sie uns geschenkt. Nun segne sie und nimm sie durch die Taufe in deine Familie auf. Schließe den Taufbund mit ihr. Wir wollen unser Bestes tun, dass sie, wenn sie groß ist, selbst ihr persönliches Ja zu dir sagt. Aber du musst es in ihr wirken.«

Ihr Papa hatte ihr den besten Taufspruch ausgesucht, wie er meinte: »Seht doch, wie sehr uns der Vater geliebt hat! Seine Liebe ist so groß, dass er uns seine Kinder nennt. Und wir sind es wirklich!« (1. Johannes 3,1). Der alte Pfarrer Erich Schnepel taufte sie auf den Namen des Vaters und des Sohnes und des Heiligen Geistes, legte seine Hand auf ihr Köpfchen und segnete sie mit den Worten: »So spricht der Herr zu dir, Susanne: ›Ich habe dich bei deinem Namen gerufen. Du gehörst mir!‹« Wir alle segneten sie in unseren Gebeten und wünschten, sie möge später ganz bewusst und gern Gottes Kind sein.

Bald danach bekamen Susannes Brüder fast gleichzeitig den Keuchhusten und steckten sie leider an. Das arme Kind rang bei den Hustenanfällen um Luft. Es war so geschwächt, dass es dazu noch eine Magen- und Darminfektion bekam und wie ein welkes Blümchen auf meinem Arm lag. Der Arzt kam täglich. Ich war völlig verzweifelt. In meinen Angstvorstellungen sah ich, wie ein weißer Kindersarg aus unserem Haus hinausgetragen wurde. Mein Mann war als Reisereferent meistens unterwegs, und ich musste die Verantwortung für die vier Kinder ziemlich allein tragen.

Plötzlich kam mir ein tröstlicher Gedanke: Susanne ist ja getauft! Sie gehört unserem himmlischen Vater. Er kann besser für sie sorgen als ich. Er wird ihr das Beste geben, das er hat. Was es auch sei – ich will es annehmen. Er ist ihr starker Bundespartner; denn er selbst hat den Taufbund mit ihr geschlossen.

Erneut legte ich mein Töchterchen in die Hände des Vaters, der nur Liebe und Güte ist. Ein Strom von Trost floss in mein Herz. Friede umgab mich.

Bis heute habe ich in Erinnerung behalten, welche Kraft in dieser schweren Zeit von der Kindertaufe ausging.

Genau das hat schon Martin Luther in Zeiten der Anfechtung erlebt: Er erlitt viele geistliche Kämpfe und depressive Phasen. Dann soll er in solchen Stunden mit Kreide und großen Buchstaben auf sein Schreibpult geschrieben haben: »Ego tamen baptizatus sum!« Ich bin dennoch getauft – wenn ich auch angefochten bin! So konnte er besser diese Tatsache in sich festhalten: Ich gehöre meinem Herrn! Der Feind hat kein Anrecht auf mich!

Inzwischen habe ich mehrfach miterlebt, wie Erwachsene und Jugendliche sich voller Überzeugung taufen ließen. Bei ihnen fielen Taufe und der Beginn oder die Erneuerung ihres Glaubens zusammen. Doch eines war bei jeder Taufe dabei: ein besonderer Taufsegen – ganz gleich in welchem Alter der Täufling war oder welche Wassermenge gebraucht wurde.

Wenn wir es nicht bewusst ablehnen, werden Taufe und Taufsegen in unserem Leben wirksam. Meistens erkennen wir erst im Nachhinein, welche geistliche Kraft daraus fließt.

Die traditionellen Kirchen, in denen die Kindertaufe praktiziert wird, bieten getauften Kindern und Jugendlichen nach vorangegangenem Unterricht an, bei der *Erstkommunion* oder der *Konfirmation* ihre Taufe zu bestätigen. Dabei werden sie feierlich »eingesegnet«, das bedeutet: von der Gemeinde in Gottes Segen eingehüllt: »Herr, wir bitten: Komm und segne sie! Lege auf sie deinen Frieden! Segnend breite Hände über sie! Rühr sie an mit deiner Kraft!« singt betend dabei manche Gemeinde. Gottes Segnung wird durch die Handauflegung des Pfarrers oder der Pfarrerin für alle sichtbar und für die Gesegneten, die vor dem Altar knien, sogar spürbar.

Skeptiker fragen: *Wie lange hält eine kindliche Glaubensentscheidung an?*

Vor kurzem lud mich einer der ersten Konfirmandenjahrgänge meines verstorbenen Mannes stellvertretend für ihn zur Goldenen Konfirmation in Homburg ein. Damals, vor 50 Jahren, hatte er sie unterrichtet und dann bei der Konfirmation feierlich gesegnet. Anschließend hatten wir als junges Ehepaar die Jugendgruppe geleitet und Freizeiten durchgeführt, in welchen diese Konfirmierten begeistert mitgemacht hatten, wie sie mir erzählten. Während der Gespräche mit den Jubilaren meinte ich, eine Segensspur in ihrem Leben zu erkennen, die damals vor fünf Jahrzehnten begonnen hat und bis heute zu sehen ist. Gott weiß es. Er wird sie weiter führen bis ans Lebensende und in die Ewigkeit hinein.

SEGENSGEBET PATRICKS, des Apostels von Irland

Der Herr sei vor dir, um dir den rechten Weg zu zeigen.
Der Herr sei neben dir, um dich in die Arme zu schließen
und dich zu schützen.
Der Herr sei hinter dir, um dich zu bewahren
vor der Heimtücke böser Menschen.
Der Herr sei unter dir, um dich aufzufangen, wenn du fällst
und dich aus der Schlinge zu ziehen.
Der Herr sei in dir, um dich zu trösten, wenn du traurig bist.
Der Herr sei um dich herum, um dich zu verteidigen,
wenn andere über dich herfallen.
Der Herr sei über dir, um dich zu segnen.

So segne dich der gütige Gott, Vater, Sohn und Heiliger Geist,
heute und morgen und für immer. Amen.

(Aus: Hannelore Risch, »Reifwerden für Gottes neue Welt« R. Brockhaus
Verlag Wuppertal 1990)

13. Der Ehesegen

Ehepaare, die nicht nur standesamtlich, sondern auch kirchlich
getraut wurden, haben einen besonderen Segen für ihre Ehe erhalten. Das ist ein guter Grund, die kirchliche Trauung zu vollziehen. In der Zeremonie fragt der Pfarrer oder die Pfarrerin
das Hochzeitspaar, ob die beiden einander sich »Liebe und
Treue bis in den Tod« geloben wollen. Nachdem jeder einzeln
diese Frage mit Ja beantwortet hat, werden sie gebeten, sich
die rechte Hand zu reichen. Dann legt die Amtsperson ihre
Hand auf die verbundenen Hände des Paares und segnet den
Ehebund etwa mit den Worten:

> Gott Vater, Sohn und Heiliger Geist segne eure Ehe:
> Er erleuchte euch durch sein Wort
> und erfülle euch mit seiner Gnade,
> dass ihr in seiner Gemeinde bleibt
> und das ewige Leben erlangt. Amen.

Danach wird für das Hochzeitspaar gebetet oder sie werden
aufgefordert:

Liebe Eheleute, betet mit mir:

Lieber Vater im Himmel,
erfülle unsere Ehe mit deinem Geist und Frieden.
Wie wir heute auf dein Wort hören
und mit dir reden, so lass es uns täglich halten:
dir sagen, was uns bewegt, mit dir unsere Arbeit tun,
unsere Freuden und Leiden aus deiner Hand nehmen
und einander vergeben, so wie du uns vergibst.
Wir danken dir, dass du uns verbunden hast. Amen.

Dieses feierliche Segnen und Beten bei der kirchlichen Trauung ist jedoch keine Garantie, dass die Eheleute beisammen bleiben bis der Tod sie scheidet. Und doch ist er vielen christlichen Ehen eine starke Hilfe.

So erzählte mir ein Ehepaar aus meinem Heimatdorf:

Sie: »Unsere kirchliche Trauung in der Christuskirche war ein Höhepunkt in meinem Leben. Sie war so eindrücklich und bleibt mir unvergessen. Allerdings habe ich damals an unsere Ehe viel zu hohe Erwartungen gestellt. Deshalb bin ich jetzt oft frustriert. Doch ich ermahne mich selbst: ›Gott hat unsere Ehe gewollt und gesegnet. Also gibt er mir auch Durchhaltevermögen und Kraft zum Vergeben!‹«

Er: »Mir geht es ganz ähnlich! Dann sage ich zu mir: ›Ein Mann – ein Wort! Du hast nicht nur vor Menschen, sondern auch vor dem heiligen Gott ein Treueversprechen gegeben. Also: Halte es!‹ Und ich habe den deutlichen Eindruck: Gott bleibt auch uns beiden treu, er hat uns nie im Stich gelassen.«

Ich selbst erinnere mich an eine kurze Begegnung mit dem Evangelisten und Bibelübersetzer Hans Bruns. Mein Mann und ich waren verliebt und jung verheiratet. Lang, lang ist's her! Da sagte Pfarrer Bruns völlig unvermittelt und ohne weitere Erklärung zu meinem Mann: »Hermann, segnest du auch immer deine Frau?«, und zu mir: »Frau Hanna, Sie segnen doch immer Ihren Hermann?« Wir waren beide verblüfft und wussten nicht, was wir antworten sollten. Da drehte er sich um und ging schmunzelnd weiter. Aber der Stachel saß: Danach sprachen wir miteinander über das gegenseitige Segnen und taten es, als wäre es das Normalste von der Welt. Nicht feierlich, sondern ganz alltäglich: »Gott segne dich, mein Schatz!« – »Er segne auch dich, mein Lieber!«

Als mein Mann gestorben war, das heißt nun in der Ewigkeit bei Gott ist, da hatte ich in den ersten Trauerjahren tiefe Verlassenheitsgefühle. Ich fühlte mich von Gott und aller Welt verlassen, weil der eine mich verlassen hatte. Wir mussten aus dem bisherigen Haus ausziehen, wo mich so vieles noch mit meinem Mann verband, und ich bezog mit meinen sechs Kindern eine neue Wohnung. Dort machte ich mir eigenartige Gedanken: Ob mein Mann weiß, wo wir jetzt wohnen? Ob er sieht, wie es uns geht?

Eines Nachts hatte ich einen tröstlichen Traum: Ich träumte, ich liege im Bett. Da geht meine Schlafzimmertür auf und mein Hermann kommt herein. Er bleibt neben meinem Bett am Fußende stehen. Dann sagt er lieb zu mir: »Gott segne dich und deine Kinder!« Ich freue mich über diesen vertrauten Satz und denke: »Nun müsste er noch Amen sagen!« Sofort sagt er: »Amen!«, als habe er meine Gedanken gehört.

Wundersam getröstet wachte ich auf. Lange dachte ich darüber nach, dass er »deine Kinder« gesagt hatte und nicht wie früher »unsere Kinder«. Aber nun wusste ich es wieder, was mir in den Trauerdepressionen entschwunden war: Meine Kinder und ich sind nach wie vor vom Himmel her Gesegnete.

14. Das Eherezept B-E-S-T

Ein Ehepaar besucht mich. Wir kommen miteinander ins Gespräch.

Er beginnt: »Unsere Kinder sind nun alle aus dem Haus und haben eine eigene Familie. Auch unser Jüngster ist mit Frau und Kind aus Berufsgründen ausgezogen. Und wer ist übriggeblieben? Wir beide!«

Sie fährt fort: »Ja, unser Nest ist leer! Eine völlig neue Situation! Wir stehen jetzt vor der schwierigen Aufgabe, unsere Ehe neu zu gestalten und müssen dringend einiges verbessern. Aber wie? Womit sollen wir beginnen?«

»Das ist ja hervorragend«, lobe ich die beiden, »dass ihr den Mut habt, an eurer Beziehung zu arbeiten. Da fällt mir ein, ich habe ein Eherezept, das wir als Anregung für unsere Gespräche nehmen könnten: Das bewährte Eherezept B-E-S-T. Es kommt aus den USA, ist aber inzwischen international verbreitet, weil es anwendbar und kurz ist. Es enthält nämlich nur vier Punkte.«

Meine Gäste schauen sich dieses angeblich BESTe Eherezept genauer an und interessieren sich dafür. Es gibt uns tatsächlich wichtige Impulse für eine Reihe von Gesprächen. Zu meiner Freude enthält es auch den Punkt »Segnen«. In der englischen und französischen Fassung ist sogar das Segnen die erste Rezeptanweisung: »to BLESS« und »donner la BENEDICTION«. In der deutschen Version kommt SEGNEN an dritter Stelle:

B ERÜHREN – E RMUTIGEN – S EGNEN – T EILEN

BERÜHREN

Die Haut ist ein wunderbares Sinnesorgan, das durch zärtliche Berührung Glücksgefühle vermittelt. Was für Verliebte das Natürlichste ist, haben Verheiratete oft bald verlernt: sich Zeit nehmen zum Schmusen und Streicheln, sich liebevoll an den Händen halten, einander umarmen und reichlich küssen; dann oft einander fragen: »Was gefällt dir? Was hättest du gern? Was tut dir gut?« Falsche Scham und Sprödigkeit sind hier absolut nicht angebracht!

ERMUTIGEN

Jeder Ehepartner soll seine speziellen Gaben entfalten können. Dazu hilft, dass man sich gegenseitig aufbaut, fördert und unterstützt, einander lobt und schätzt; auch für jede Bemühung dem andern herzlich dankt und sie nicht als selbstverständlich annimmt. Anerkennung und liebevolle Hochachtung wirken Wunder! Jedoch Nörgelei und negative Kritik sind ätzend. Man sollte mindestens so höflich und zuvorkommend miteinander umgehen wie mit Bekannten und Außenstehenden. Wer die Partnerin/den Partner mit anderen vergleicht, verursacht in der Beziehung eine Blutvergiftung! Der Mann schützt die Frau – und umgekehrt – vor Kritik anderer. Gerade bei Angriffen von Dritten stehen die Eheleute schützend voreinander. Wenn aber eins das andere demütigt, sogar vor den Kindern, Schwiegereltern und Freunden bloßstellt, muss er/sie sich zutiefst schämen und sich entschuldigen.

SEGNEN

Worte wie: »Gott segne dich!«, oder: »Du bist ein Segen für mich!« immer wieder einander sagen! Jeder beginne damit, sie zuerst betend zu denken; dann kommt der Segen auch bald über die Lippen. Dadurch wächst in jedem eine innere Segenshaltung, die sich mehr und mehr in Worten und Taten ausdrückt. Segnen wirkt Segen! Segnen verändert Eheleute zum Guten. Segnen ist eine Wohltat für jeden: für die Person, die segnet – sowie für die, die gesegnet wird. Anhaltendes Segnen heilt innere Wunden und macht kranke Ehen wieder gesund, weil im Grunde Gott selbst der Segensspender ist. Ebenso wächst durch Segnen die Fähigkeit, einander restlos vergeben zu können und wirklich nichts mehr nachzutragen, genau so wie auch Gott vergibt und uns nichts mehr ankreidet.

TEILEN

Teilen bedeutet zweierlei: Mit dem Partner nicht nur die Arbeit, das Bett, das Geld und die Verantwortung teilen, sondern sich auch reichlich dem anderen mitteilen: das heißt sagen, was man denkt, empfindet, hofft und fürchtet; klar ausdrücken, was einen innerlich beschäftigt. Das vertieft die Ehe und rettet sie vor Oberflächlichkeit. Ein solches Teilen äußert sich in Worten und Gesten; aber auch in Taten, wie zum Beispiel dass gemeinsame Interessen und Aktionen gefunden werden. Falls diese jedoch verschieden sind, dann einander davon erzählen und Anteil geben. Das kostbarste Teilen ist, wenn die Eheleute regelmäßig miteinander abwechselnd beten: ein Höhenweg mit Aussicht und Einsicht! Sie können sich dabei an eine bewährte Ordnung halten und eine halbe Stunde (die sich lohnt!) einplanen:

1) 1–2 Lieder singen oder von der Liedkassette hören
2) einen kurzen Bibelabschnitt lesen (eventuell nach der Bibellese der »Losungen«)
3) in der Stille darüber nachdenken
4) Austausch – kann zu Aha-Erlebnissen werden!
5) abwechselnd ganz kurze, einfache Gebetssätze laut sprechen
6) sich gegenseitig segnen
7) zum Schluss ein Kuss!

Dieses Eherezept besprechen wir zu dritt in mehreren vertrauensvollen Gesprächen. Meine Rolle ist eigentlich nur, den beiden eine gegenseitige Aussprache zu ermöglichen.

Er überlegt weiter; denn was er anpackt, das macht er gründlich. Ungern lässt er eine Arbeit halb fertig liegen. »Nur der vierte Programmpunkt wird mir sehr schwer fallen«, sinnt er, »nämlich mitzuteilen, was in mir vorgeht! Das liegt den Männern überhaupt nicht! Während es den Frauen wohl leichter fällt zu sagen, was sie bewegt ...«

Ich schalte mich in das Zweiergespräch ein: »Darf ich mal meine Zuhörerrolle aufgeben und Ihnen eine ganz natürliche Tatsache bewusst machen? Männer und Frauen sind nicht gleich, was ihre angeborenen Fähigkeiten und Talente anbelangt. Das hat zwei Ursachen: 1. Die Unterschiede im Aufbau des weiblichen und männlichen Gehirns. Dadurch erleben Männer und Frauen die Welt unterschiedlich und haben unterschiedliche Fähigkeiten und Wertvorstellungen; nicht bessere oder schlechtere, sondern unterschiedliche. Zum Beispiel hören Frauen besser als Männer und können sehr gut hohe Töne unterscheiden. Darum sagen Frauen häufig zu ihren Männern und Jungen: ›Sprich nicht in diesem Ton zu mir!‹ Wobei die meisten Männer nicht den leisesten Schimmer haben, was die Frau überhaupt meint. Auch ist die Haut der Frauen empfindsamer als die der Männer. Wenn eine Frau sich von ihrem Mann emotional ausgegrenzt fühlt, sagt sie: ›Rühr mich nicht an!‹ Wenn er bei ihr Punkte sammeln will, muss er sie oft und angemessen berühren! Studien belegen auch, dass Männer schlechte Gedankenleser für die verbalen und nonverbalen Botschaften ihrer Frau sind. Doch das lässt sich durch Übung verbessern!

Auch das Reden und Zuhören ist ganz unterschiedlich. Männer reden am liebsten stumm mit sich selbst. Wenn eine

Frau am Ende des Tages redet, sucht sie meistens keine Lösungen, sondern will sich einfach ihre Probleme von der Seele reden. Der Mann kann von Natur aus schlecht zuhören, sollte sich aber für den Alltag seiner Frau interessieren.

Männer streben nach Erfolg, Macht, Ansehen und Sex; Frauen nach Stabilität, Liebe und angenehmen Beziehungen. Auf ihrer Bedürfnisliste steht mit Abstand ›Treue‹ ganz oben. Sie können nur einen Mann lieben und achten, auf den sie sich verlassen können, dass er seine Versprechen hält.«

Am Ende entschließen sich beide, einen Neuanfang zu wagen in dem Wissen, dass der nicht perfekt sein wird. Doch sie sind reif genug, um Enttäuschungen zu verkraften und tolerant miteinander umzugehen.

15. »Gesegneten Leibes«

Überraschender Besuch aus Stuttgart: »Wir wollten sehen, wie es dir in deinem Alterssitz geht!« Gertrud und Hanno strahlen mich an. Nachdem wir gemütlich sitzen, frage ich: »Und wie geht es euch beiden?« – »Bestens! Unsere Leonore ist im fünften Monat schwanger!«

Blitzschnell läuft ein Film vor mir ab: Vor dem Traualtar stehen die schwarzhaarige Medizinerin Leonore im weißen Brautkleid und neben ihr der junge Studienrat Timo – ein bildschönes Paar. Das war vor sieben Jahren. Beim Hochzeitsschmaus hält der Brautvater eine Tischrede und betont liebevoll: »Kinder sind eine Gabe Gottes. So bist du, Leonore, als unser einziges Kind ein ganz besonders kostbares Geschenk unseres himmlischen Vaters. Die Freude bei deiner

Geburt war unaussprechlich. Eine solche große Freude wünschen wir auch euch! Wir werden dafür beten!«

Aber Jahr für Jahr vergeht. Leonore wird nicht schwanger. Sie macht noch eine Facharztausbildung als Frauenärztin und Timo wird Schulleiter. Mutter Gertrud fragt einmal sehr vorsichtig: »Denkt ihr auch an Nachwuchs?« Leonore antwortet traurig: »Wir hätten sehr gern Kinder! Aber bestimmte medizinische Tatsachen sprechen leider dagegen. Doch wir geben die Hoffnung nicht auf!« Hanno bereut seine Tischrede beim Hochzeitsmahl und denkt: »Habe ich sie belastet? Vielleicht grübelt sie: Warum hält Gott das erbetene Geschenk zurück?«

Leonore spricht selten über ihre innersten Gefühle. Sie macht nur Andeutungen, und ihre Eltern verstehen sie. Sie tragen den tiefen Kummer ihrer Tochter mit, während Außenstehende wie ich fälschlich dachten: »Als Frauenärztin kennt sie ja die neuesten Methoden, Unfruchtbarkeit zu beheben! Vielleicht will sie auch keine Kinder?«

Gertrud unterbricht meinen Gedankengang und erzählt: »Eines Tages las ich in der Zeitschrift ›Lydia‹, dass Ruth Graham, die auch unfruchtbar war, jahrelang einen Tag in der Woche fastete und betete und dann, als sie über 40 war, doch einen Sohn bekam. Ich überlegte: ›Gibt es einen einfacheren Weg? Ja! Nimm doch die schlichte Form des Segnens! Setze Gottes Segen gegen die Blockade bei dem jungen Paar.‹ So betete ich in meiner stillen Zeit: ›In deinem Namen, Jesus, segnen wir unsere Kinder Leonore und Timo! Nur du kannst diese Barriere beseitigen!‹ So wurden wir von dem inneren Druck befreit und konnten dieses unkomplizierte Segnen trotz der Arbeitsfülle jahrelang durchhalten.

Letzten Sommer verbrachten wir wie immer unseren Urlaub am Bodensee. Auf unserer Wanderung kommen wir an eine kleine Kapelle. Wir kehren ein und atmen durch. Stille und Kühle umgibt uns. Ich knie vor dem Altar, was ich sonst als Protestantin nur selten mache, und bete: ›Vater, ich lege deinen Segen auf den Leib meiner Tochter. So wie du an ihr handelst, ist es recht!‹ In der darauf folgenden Nacht träume ich so deutlich von einem Embryo, der lebt, sich bewegt und wächst. Ist der Traum von Gott oder nur mein Wunsch? Inzwischen wissen wir's.«

Ich nicke: »Da hat ja eure Leonore viel durchgemacht. Wie ist sie damit umgegangen?«

Jetzt erzählt Hanno: »Genau diese Frage habe ich ihr vor kurzem gestellt. Sie antwortete mir: Wenn sich eine Schwangere in der Praxis auf ihr Kind freute, dann konnte ich mich von ganzem Herzen mit ihr freuen. Auch wenn sie noch nicht weiß, ob die gute Nachricht für sie positiv oder negativ zu bewerten ist, konnte ich ihr in mehreren Gesprächen helfen. Nur wenn die werdende Mutter ihr Kind total ablehnt und es abtreiben will, dann hat mich eine tiefe Trauer erfasst. Ich habe die Schwangere dann zu einer guten Beratungsstelle geschickt. Dort werden wirklich alle Möglichkeiten erwogen, das Leben des Kindes zu retten. Manche Frauen meinen irrtümlich, der Embryo sei noch kein Mensch. Aber in diesem winzigen Menschlein ist schon alles vorhanden, was und wie später dieser Mensch sein wird. Ich hätte es nie vor Gott und vor mir verantworten können, ein ungeborenes Kind aus dem Mutterleib zu reißen und es dadurch zu töten. Niemals! Doch ich muss zugeben, dass die Frauen, die sich trotzdem dazu entschließen, es sich nicht leicht machen. Manche tragen sehr schwer und jahrelang an diesem Verlust.«

Wenn sie Gott um Vergebung bitten, heilt er diese verborgene Wunde. Aber es sind um die 90 000 Kinder, die wöchentlich in Deutschland im Mutterleib getötet werden.

»Nun freuen wir uns, dass Leonore wortwörtlich gesegneten Leibes ist«, jubelt Gertrud. »Wir beten für eine glückliche Geburt unseres Enkelkindes und segnen es jetzt schon!«

Ich schlage vor: »Lasst es uns jetzt zu dritt tun und die kinderlosen Frauen mit einschließen, dass sie erkennen: ›Gott hat auch für mich einen guten, gesegneten Weg bereit! Er will ihn mir zeigen.‹«

16. Tausendfacher Familiensegen

Weil meine Ehezeit viele Jahre zurückliegt und ich den Eindruck habe, heute sei es viel schwieriger geworden, die Ehe befriedigend zu gestalten und Kinder zu erziehen, fragte ich eine jüngere Freundin: »Renate, dem Alter nach könntest du meine Tochter sein. Du bist jetzt 20 Jahre verheiratet und ihr habt vier Kinder – für die heutige Zeit eine Ausnahme. Auf eine Berufsausübung hast du verzichtet. Wie schaffst du alles?«

Weil Renate in allem sehr genau ist, hat sie mir in einem gut durchdachten Brief geantwortet: »Kurz vor unserer Heirat bewegte mich ein Problem. Ich hatte nämlich eine leitende Stellung, war gern im Beruf und erlebte da viel Anerkennung. Darum überlegte ich: Sollen wir uns gleich Kinder wünschen? Wenn Gott sie uns schenkt, dann hätte ich gerne nicht nur eines oder zwei, sondern eine große, gesunde Familie.

Aber wie kann ich Ehe und Familie mit meinem Beruf vereinbaren? Mein Mann war und ist bis heute beruflich äußerst gefordert und hat dazu noch ein leitendes Ehrenamt in unserer Gemeinde. Die Sorge um die Kinder würde also zum größten Teil auf mir liegen. Darum überlegte ich hin und her: Wie werde ich alles auf die Reihe kriegen?

In dieser Zeit nahmen wir beide an einer Konferenz teil, wo der inzwischen verstorbene Präses Kurt Heimbucher Referate hielt, die mich beeindruckt hatten. Nach Programmende kreuzten sich unsere Wege an der Saaltür. Ich fasste mir ein Herz und sprach ihn an.

Er nickte nachdenklich: ›Ist die Tätigkeit der Frau in Ehe und Familie kein Beruf? Im Gegenteil: sie ist sogar eine Berufung!‹ Dann erläuterte er kurz, aber treffend, welche hohe Bestimmung die Frau in Gottes Augen hat. Danach sah er uns fest in die Augen und sagte einfach und gar nicht feierlich: ›Ich stelle euch unter Gottes tausendfachen Segen!‹, und ging.

Ich war wie benommen. Eine konkrete Antwort hatte ich nicht bekommen. Die Spannung blieb. Und der tausendfache Segen hing schwer über mir.

Mittlerweile sind gut 20 Jahre vergangen. Unsere Kinder sind jetzt im Schul- und Teenageralter. Wer Kinder in diesem Alter hat, weiß, wie nervenaufreibend solche Jahre sind! Immer wieder erinnere ich mich an den damaligen Segenszuspruch; besonders wenn es eng wird und ich zu zerreißen drohe, weil so vielerlei an mir zerrt. Dann denke ich: ›Ob diese Zerreißprobe auch noch unter den tausendfachen Segen passt?‹, und stelle sie bewusst darunter. Dadurch werde ich innerlich ruhiger.

Dieser Familiensegen von damals ist wie ein Dach über unserer Ehe und Familie und bei Turbulenzen immer mehr ein Schutz.

Gleichzeitig spüre ich, wie sich zunehmend eine tiefe Dankbarkeit dem Segensspender gegenüber entfaltet.

Besonders staune ich über Gottes Weisheit, dass er Menschen beauftragt, anderen Lebenshilfe zu geben und sie zu segnen. Solche Segensüberbringer sollte es viel mehr geben!«

Tausendfacher Gottessegen
über dir auf allen Wegen,
die du gehst und wo du stehst!
So sei behütet Tag und Nacht,
weil Gottes Auge dich bewacht!
Amen.

17. Wir segnen unsere Kinder

Vor allen anderen sollen wir unsere Kinder, Enkel und Patenkinder segnen. Besonders kleine Kinder fühlen sich bestens,
wenn wir bei Gelegenheit unsere Hand auf ihr Köpfchen legen
und sagen: »Unser Herr Jesus hat dich ganz lieb und segnet
dich!« Wir können ihnen erzählen, wie Jesus die Kinder strei-
chelte und ihnen die Hände auflegte und sie segnete. In manchen Kinderzimmern hängt ein Bild von dieser Szene. Es prägt
sich in die Kinderseelen ein: Sie sehen sich selber auf Jesu
Schoß sitzen und fühlen sich da angenommen und geborgen.

Solche Bilder, gezeichnet oder farbig erzählt, dringen tief
in die weiche Seele des Kindes ein. Sie bringen sogar eine
Prägung ins Unterbewusste. Manchmal steigen sie hoch, und
das Kind, später der Jugendliche oder Erwachsene weiß tief
innen: Ich bin von Jesus geliebt und gesegnet!

In der DDR hatten die Pfarrfamilien einen schweren Stand.
In der Schule wurden manche Pfarrerskinder benachteiligt oder
lächerlich gemacht. Sie litten darunter, dass ihr Vater ein Pfarrer war. So erzählte bei einem Treffen eine Pfarrfrau: »Bevor
wir unsere Schulkinder in die atheistische Umgebung entlassen, segnen wir sie. Jeden Morgen bleiben sie – abmarschbereit
mit dem Schulranzen auf dem Rücken – an der Haustür stehen,

und wir Eltern segnen sie: Wir stellen sie unter den Schutz und Segen Gottes, dass sie unbeschadet den Schulalltag bestehen. Sie lassen sich das gern gefallen; denn sie spüren, dass sie dadurch gegen Spötteleien und Verachtung immun werden.«

Nicht nur ich, sondern auch die anderen Mütter waren beeindruckt. Wir nahmen uns vor, täglich für unsere Kinder, die auch manchen Gefahren ausgesetzt sind, den Segensschutz des himmlischen Vaters zu erbitten.

In der Regel fühlen sich die kleineren Kinder sichtlich wohl, wenn sie gesegnet werden. Sie spüren die Wärme unserer Nähe und fühlen sich wertgeschätzt und angenommen. Den Größeren ist es eher peinlich. Darum segnen wir sie indirekt über das Fürbittegebet. Das Sprichwort »Der Segen der Eltern baut den Kindern Häuser« heißt: Unser Segnen hilft den Kindern beim Bau ihres eigenen Lebenshauses, indem wir ihnen brauchbares Material dazu vermitteln.

Mein Mann und ich haben unsere Kinder schon vor ihrer Geburt gesegnet. Für mich als junge Mutter war dieses Segnen eine Stärkung; denn nach zwei Fehlgeburten hatte der Frauenarzt zu mir gesagt: »Sie werden wohl nie lebende Kinder auf die Welt bringen!« Darum war für mich jede Schwangerschaft ein Risiko. Mein Mann legte allabendlich seine Hand auf meinen Bauch und segnete das werdende Kind und mich. Nachdem es dann geboren war und er es auf dem Arm wiegte, sagte er oft: »Gott segne dich, mein Kind!«

Als unsere Kinder dann etwas verständiger waren, haben wir beide abwechselnd ihnen eine Gute-Nacht-Geschichte vorgelesen oder erzählt. Danach sangen wir ein Abendlied und haben mit den Kindern gebetet. Der Schlusssatz war fast immer: »Jesus hat euch lieb und segnet euch!«

Als ich vom Sterbebett meines Mannes in Stuttgart wieder bei unseren sechs Kindern daheim in Großalmerode ankam, stand ich unter Schock. Es war Nacht in mir und um mich. Meine Eltern standen an der Haustür und umarmten mich. Mutter sagte: »Die Kinder schlafen natürlich. Es ist ja auch schon spät!« Ich folgte einem inneren Auftrag. Ich hatte den Eindruck, ich müsse jetzt das tun, was ihr Papa gerne noch getan hätte. So ging ich von Bett zu Bett; zuerst zum 12-jährigen Johannes und sagte zu dem schlafenden Sohn: »Ich bringe dir den Segen von deinem sterbenden Papa!«, und zeichnete mit Tränen in den Augen ein Kreuz auf seine Stirn. Dann ging ich an Christofs Bett: »Im Auftrag deines Papas segne ich dich!«, und machte ihm ein Kreuzchen auf die Stirn; ebenso dem dritten Sohn Matthias und sagte: »Auch du bist gesegnet von deinem Papa, der nun bei Jesus ist!«

Traurig sah ich in das hübsche Gesichtchen unserer einzigen Tochter, zeichnete auch ihr ein Kreuz auf die Stirn und übertrug ihr den Segen ihres geliebten Papas. Darauf bückte ich mich zu unseren zweijährigen Zwillingen hinunter und sagte: »Auch dich, Markus, und dich, Lukas, segnet euer Papa, der jetzt im Himmel ist!«, und malte mit meinem Zeigefinger jedem ein kleines Kreuz auf die Stirne. Meine Kinder sind und bleiben von ihrem irdischen und vom himmlischen Vater Gesegnete.

Wir wurden zur Familienfreizeit im Martin-Bucer-Haus, Bad Dürkheim, eingeladen. Wieder gab es mir einen Stich ins Herz, als ich sah, wie andere Kinder so liebevolle Väter haben. Da kam mir ein tröstlicher Gedanke, sicher von Gott eingegeben: Ich bat den Leiter Pfarrer Herbert Fuchs meine Kinder väterlich zu segnen. Er tat es gern. Wir saßen alle sieben an seinem Tisch, und er stellte vor jedes eine Flasche Cola. Während die Kinder am Strohhalm saugten, erzählte er ihnen von ihrem Papa, den er schon als Student gekannt hatte. Sie hörten interessiert zu. Dann fragte er sie, ob er sie väterlich

segnen dürfe. Keine Einwände, denn die Cola hat gut ge-
schmeckt! Er stellte sich jeweils hinter den Stuhl des Kindes
und legte seine beiden Hände auf dessen Kopf und hatte für
jedes einen besonderen Segen. So machte er ohne Eile eine
Segensrunde und schloss auch mich ein.

Ich denke, wir sollten viel mehr reife »Väter« in der Gemeinde haben, die auch solche väterlich segnen, die von
ihrem eigenen Vater nicht gesegnet werden. Das würde in unserer »vaterlosen Gesellschaft« einen Mangel lindern.

18. »Der Eltern Segen
  baut den Kindern Häuser«

Nach Jahren treffe ich überraschend auf einer Konferenz meine Freundin Ruth. In der Pause setzen wir uns etwas abseits
und kommen im Gespräch auf unsere Eltern. Da erzählt mir
Ruth:

»Mein Vater hatte einen ausgeprägten Sinn für Gerechtig-
keit. Er war in meinem Heimatdorf der Filialleiter einer größeren Bank. Alle seine Bankkunden kannte er bestens; er hatte im
Dorf eine Vertrauensposition inne. Eines Tages in der Hitlerzeit erhielt er die Anordnung: ›Das gesamte Vermögen der jüdischen Bankkunden muss auf folgendes Konto überwiesen
werden ...!‹ Von da an schlief er schlecht und überlegte: ›Ich
kann doch nicht ohne Anweisung der Besitzer deren Geld und
Wertpapiere auf ein Konto unseres Staates überweisen! Das ist
eindeutig Diebstahl!‹ Gott hielt seine Hand über ihn, dass er
wegen seiner Weigerung nicht bestraft wurde. Ich bin stolz auf
ihn«, betont Ruth, »er gehorchte Gott mehr als den Menschen
und hatte dabei sogar seine Freiheit aufs Spiel gesetzt.

Allerdings konnte er das Unglück nur etwas hinausschieben und im Geheimen einen Juden warnen. Bald danach verließen einige jüdische Familien über Nacht unser Dorf und versuchten im Ausland Fuß zu fassen. Sie konnten keine Reichtümer mitnehmen.

Die letzten, die noch dageblieben waren, wurden auf Lastwagen abtransportiert. Sie sind alle in den KZs umgekommen. Ihr Vermögen und die Liegenschaften kassierte der Staat. Dazu sagte mein Vater schmerzlich bewegt: ›Und ich bin Zeuge davon!‹

Als nach dem Krieg Konrad Adenauer mit jährlichen Rückzahlungen an Israel begann, sagte mein Vater: ›So ist es rechtens: Mit Zins und Zinseszins zurückzahlen! Auch wenn wir viele Jahrzehnte dazu brauchen werden! Schmerzensgeld für den Verlust der Getöteten und für die seelischen und körperlichen Qualen der Überlebenden ist ohnehin nicht bezahlbar.‹

Gott hat ihn mit dem größten Segen gesegnet, den es gibt: Gottes Geist hat ihn bewogen, von ganzem Herzen an Jesus zu glauben. Mein Vater ging vorher auch hin und wieder in die Kirche, aber von einem bestimmten Zeitpunkt an lebte er mit Jesus Christus. Diese Wende hat er sogar in der Familienbibel vermerkt. Die Verse 12 und 13 im 1. Johannesbrief Kapitel 5 müssen ihm wichtig geworden sein, denn er hat sie angestrichen: ›Wer den Sohn Gottes hat, der hat das Leben. Wer den Sohn Gottes nicht hat, der hat auch das Leben nicht. Das habe ich euch geschrieben, die ihr *glaubt* an den Namen des Gottessohnes, damit ihr *wisst*, dass ihr das ewige Leben *habt*.‹ Die drei Wörter ›glaubt‹, ›wisst‹ und ›habt‹ hat er rot unterstrichen.

Viel später wurde mir als Gemeindediakonin hier und da gesagt: ›Man kann doch nicht wissen, ob man das ewige Leben hat und in den Himmel kommt!‹ – ›O doch!‹, antwortete ich dann, ›das ist möglich! Mein Vater wusste es auf Grund von 1. Johannes 5!‹«

Dann fährt sie fort: »Als er im Sterben lag, sagte ich zu ihm: ›Papa, vergib mir! Als Teenager und als junge Frau habe ich mich oft über dich geärgert. Ich hatte mich auch geschämt, dass ihr so fromm wart. Eure Erziehung hat mir in vielem nicht behagt, und ich habe sie sehr kritisiert. Aber jetzt sehe ich sie in einem ganz anderen Licht! Ich danke dir für dein Vorbild im Glauben!‹ Vater nickte schwach, schaute mich zum letzten Mal an und hauchte: ›Gott segne dich, Kind!‹ Es ist mir unvergesslich.

Auch unsere Mutter war meiner Schwester und mir ein Vorbild in ihrer Fürsorge für andere Menschen. Für sie war es ein Auftrag Gottes, zusammen mit ihrer Freundin Kranke, Alte und Einsame zu besuchen. Sie brachten ihnen eine Kleinigkeit mit, erzählten oder lasen etwas vor und sangen auf Wunsch zusammen ein Lied. Kein Bettler verließ unbeschenkt unsere Haustür. In der Kriegs- und Nachkriegszeit strömten hungrige Städter in unser Dorf. Weil unser Haus in der Nähe des Bahnhofs lag, wurde es nicht übergangen. Mutter gab jedem einige Kartoffeln oder ein Stück selbst gebackenes Brot oder Gemüse aus dem Garten. Sie nahm zeitweise eine Behinderte und den kriegsversehrten Bruder in ihr Haus auf. Vielleicht lagen mir deshalb in meinem Dienst als Diakonin besonders die Einsamen, Trauernden und Notleidenden am Herzen.

Als meine Mutter älter und ich reifer wurde, bat ich sie um Vergebung für meine ›krummen Touren‹ und meine Widerspenstigkeit in der Jugend. Trotz mancher Erziehungsfehler – wer macht keine? – bin ich ihr von Herzen dankbar für ihre vorgelebte Nächstenliebe.

Einmal, als ich meinen Urlaub bei ihr verbringe, steht morgens ihre Schlafzimmertür einen Spalt auf. Da sehe ich meine Mutter im Bett sitzen, das dicke Kopfkissen in ihrem Rücken, die Lesebrille auf der Nase und die aufgeschlagene Familienbibel auf ihren Knien. Mit dem Zeigefinger fährt sie langsam die Zeilen entlang und nimmt bedächtig Satz für Satz Gottes Wort in sich auf. Es ist ihre tägliche geistliche Nahrung.

Es heißt: ›Der Segen der Eltern baut den Kindern Häuser‹. Meine Schwester und ich haben zwar keine eigenen Häuser, aber jede hat ein gesegnetes Lebenshaus, in dem wir gut wohnen können. Jedenfalls erkenne ich jetzt mehr als früher, dass der himmlische Vater in steter Treue meine Schwester und mich segnet und uns besonders jetzt, wo wir älter werden, väterlich versorgt. Wir wollen in Zukunft noch viel mehr unsere Antenne ausfahren, um seinen Segen zu empfangen und so gut wir können auch an andere weiterzugeben.«

> *Mich segne, mich behüte,*
> *mein Herz sei deine Hütte,*
> *dein Wort sei meine Speise,*
> *bis ich gen Himmel reise.*
> *Paul Gerhardt*

Bild: »Jakob segnet seine Enkel Ephraim und Manasse« von Rembrandt (Ölbild, Ausschnitt)

19. Das Segnen der alten Beter und der jungen Mütter

Pfarrer Paul Deitenbeck aus Lüdenscheid war ein vollmächtiger Prediger und Beter. In seiner gütigen Art hatte er manchen, die ihm begegneten, kleine und große Geschenke gemacht – auch mir und meinen Kindern. Gott gab ihm ein hohes Alter.

Damals rief er mich ab und zu an und sagte jedes Mal das Gleiche: »Es fällt mir jetzt im Alter schwer, lange Gebete zu formulieren. Doch ich segne Sie dreimal am Tag, liebe Frau Hannelore. Ich segne Sie morgens, mittags und abends!« Ich war berührt von dieser Treue des alten Beters. Segnen, das konnte er noch. Und er tat es in priesterlicher Treue. Er segnete einzelne Personen, viele Familien und auch Gemeinden und Glaubenswerke. Es war ihm klar: Gott kennt jeden Menschen, und er weiß auch besser, was jeder braucht. In Gottes Segen ist alles eingeschlossen: Hilfe und Schutz, Führung und Dienste, Nächstenliebe und Liebe zu Jesus Christus. Gott sieht, was für die Seinen das Beste ist und gibt es ihnen gern. Da hat ihm Pastor Deitenbeck vertraut: Er wird's recht machen. So hat der liebe, alte Beter Gottes Segenshand auch in unsere Richtung gelenkt.

Ich meinte zu spüren, dass dieses Segnen bei mir angekommen ist. Es hat mich ermutigt und zuversichtlich gemacht. Darum habe ich Gott gedankt, dass er diesen alten, treuen Bruder zum Segnen berufen hatte – ein Vorbild für Beter, denen eine lange Konzentration oder Meditation schwer fällt.

Ganz ähnlich geht es den jungen Müttern. Ich erinnere mich gut an diese Zeit. Bevor die Kinder geboren waren, war Ruhe im Haus. Dann ist »Stille Zeit« zu halten bei gutem Willen kein Problem. Sobald aber ein Baby da ist, und vielleicht noch ältere Geschwister, fragt sich die junge Mutter: Wann kann ich ungestört beten und die Bibel lesen und auch noch in Ruhe ein wenig darüber nachdenken? Sobald sie sich hinsetzt, verlangt eins der Kinder nach ihr.

Darum haben sich gerade junge Mütter angewöhnt, irgendwann im Laufe des Tages ihre Lieben und ihre Freunde in der Nähe und Ferne zu segnen. Das ist einfacher und kürzer. Einen Segen kann man auch während der Arbeit über Gott zu dem Adressaten schicken.

Ein solcher Segen ist entweder ein Segenszuspruch oder eine Segensbitte, ähnlich wie die Fürbitte. Das spielt in diesem Fall keine Rolle. Hauptsache: Der Segen wird in herzlichem Vertrauen zu Gott ausgesprochen oder in Gedanken erbeten.

Zum Nachdenken

Wen will ich treu segnen?

Wie will ich diese Person segnen?

20. Unsere Teenager segnen

Anne ist mit Arnold, einem zurückhaltenden und sympathischen Mann verheiratet. Die beiden haben drei Kinder: Paula ist 11, Simon 13 und Sara ist jetzt fast 18 Jahre alt. Unlängst besuchte mich Anne und erzählte mir:

»Sara, unsere Älteste, war, bis sie 16 wurde, eine liebe angepasste Tochter. Ohne zu motzen hat sie ihr Zimmer aufgeräumt, hat sich um die jüngeren Geschwister gekümmert, war eine gewissenhafte und fleißige Schülerin; sie beteiligte sich auch an der kirchlichen Jugendarbeit. Ich war von Herzen dankbar, dass ich eine so angenehme Tochter habe.

Aber das hat sich mit einem Schlag geändert. Aus der lieben Sara ist eine unerträgliche Rebellin geworden. Ganz gleich, was wir sagten – sie war dagegen. Sie ist so ausgerastet, dass es für Arnold und mich ein Schock war. Wir machten uns Vorwürfe und fragten, was wir als Eltern verkehrt machten. In den Nächten lag ich stundenlang wach, weinte viel und bekam Depressionen. Ich zweifelte an mir als Ehefrau und Mutter. Sara steckte mit ihrer Rebellion auch Simon an. Durch unsere Familie ging ein Riss.

In meiner Not suchte ich unseren Pfarrer auf. Der konnte mir auch nicht helfen. Dann ging ich zum Nervenarzt. Er verschrieb mir Psychopharmaka. Endlich fand ich eine feine Psychotherapeutin, die auch Christin ist. Bei der Therapeutin getraute ich auszusprechen, was ich selbst nicht verstand: Hassgefühle gegen mein geliebtes Kind! Ich sah in meiner eigenen Tochter meine Feindin. Nicht zu fassen!

Wir kamen natürlich auch auf meine Kindheit zu sprechen. Nun wurde mir klar, dass ich meiner Tochter das Gleiche aufbürdete, was meine Mutter mir zugemutet hatte. Damals, als ich 13 war, starb mein Vater, und ich entbehrte ihn sehr. Doch ich durfte nicht trauern, weil ich dadurch meine einsame, traurige Mutter noch mehr bedrückt hätte. Sie hatte sich viele Jahre in ihre Trauer eingemauert, und niemand in ihrer Umgebung machte sich die Mühe, ihr herauszuhelfen. So strengte ich mich an, immer ganz lieb zu sein. Ich dachte: Du bist nur ein liebes Kind, wenn du stets deine Mutter erfreust. Als Jüngste von ihren Kindern wurde ich der Liebesersatz für ihren Mann. Mir hat sie ihre Lebensangst mitgeteilt, mich dabei aber total überfordert.

Aus dieser Umklammerung konnte ich mich nur durch die Freundschaft mit Arnold herauslösen. Er ist meine erste Liebe, und ich habe ihn gegen Mutters Willen mit 21 geheiratet. An unserer Hochzeit freuten sich alle mit uns – nur Mutter weinte und sagte zu ihrem Schwiegersohn: ›Du hast mir mein Kind weggenommen!‹

Durch die Hilfe der Therapeutin wurde mir das Verhalten meiner Mutter zum Spiegel: Ich sah darin meine eigene ›Muttermacht‹, die unbewusst die große Tochter zu einem Verhalten zwingt, das ihr gar nicht angemessen ist. Kein Wunder, dass Sara dagegen rebellierte. Eines Tages warf sie uns einen Zettel vor die Füße und ging fort. Auf dem Zettel stand: ›Ich hasse euch!‹ Ich war dem Zusammenbruch nah, mein Mann klagte sich an: ›Ich habe als Vater total versagt!‹

In dieser Ausweglosigkeit wurde uns plötzlich klar: Wir sind ja nicht allein! Gott sei Dank! So schrien wir in unserer Verzweiflung: ›Jesus, hilf!‹ Und da kam uns unvermittelt der Gedanke, unsere Tochter zu segnen. Niemand hatte uns das beigebracht, doch jetzt waren uns die drei Schritte ganz klar: ›Jesus, als Eltern bitten wir um Vergebung! Jesus, wir segnen in deinem Namen unser Kind! Jesus, wir stellen es unter deinen Schutz!‹

Inzwischen ging Sara weiterhin zu ihrem Freund. Er nahm Rauschgift, hatte kriminelle Züge. Ich fragte sie:

›Warum hängst du so sehr an ihm?‹

›Weil er nicht brav ist. Er ist ein Rebell!‹

Da wurde mir klar: Meine Ablehnung trieb meine Tochter zu ihrem Freund. Es ist uns nicht ganz leicht gefallen, auch ihn auf ›den Altar zu legen‹ und zu sagen: ›Vater, handle du auch an ihm und segne ihn!‹ Wir wurden innerlich ruhiger. Wir bettelten nicht mehr angsterfüllt, sondern wurden durch das Segnen immer zuversichtlicher. So umhüllten wir unsere Tochter mit Gottes Schutz und Segen und konnten sie dadurch loslassen.

Mit der Zeit erkannte ich dann an Sara eine gewisse Veränderung, und als ich sie fragte: ›Wie geht es dir jetzt?‹, antwortete sie ehrlich: ›Ich habe mit ihm gebrochen. Er wollte mich gegen euch aufhetzen. Da ist es mir wie Schuppen von den Augen gefallen. Ich sagte zu mir: Du spinnst wohl! Das ist doch kein Freund für dich!‹

In diesem Moment treffen sich unsere Blicke. Das Eis schmilzt. Plötzlich liegt Sara in meinen Armen und weint. Danach können wir uns aussprechen. Durch diese Familienkrise sind wir reifer geworden.

Wir haben in unserer Familie noch etwas Neues entdeckt: Wir können einander kritisieren, ohne zu verletzen! Wir diskutieren heiß, ohne den andern zu kränken! Wir setzen uns auseinander, ohne auseinander zu gehen. Wir werfen dem andern einiges an den Kopf und umarmen ihn bald danach. Wir nennen es ›positives Streiten‹. Eine Familienentdeckung: Wir können miteinander in Liebe Probleme ansprechen und lösen! Das hält uns zusammen.

Als Mutter weiß ich jetzt:

Meine Kinder gehen den Weg, den Gott für sie bereit hält – und ich kann ihn akzeptieren. Mein Sorgen und Grämen betrübt den Vater im Himmel. Doch mein Vertrauen ehrt ihn. Zukunftsängste sind nicht mehr angebracht!

Inzwischen habe ich auch für jeden in der Familie eine eigene Sprache der Liebe entdeckt: Sara und ich umarmen uns. Das gefällt ihr. Ich nehme mir viel Zeit für sie allein. Vor kurzem sagte sie: ›Mama, ich red' so gern mit dir!‹ Es ist ihr wichtig, wenn ich ihre Meinung akzeptieren kann. Unseren Sohn lobe ich am laufenden Band. Es macht ihn stark. Mit Paula schmuse ich. Das genießt sie.

Vermehrt achte ich jetzt darauf, dass besonders Sara und Simon viel Zeit mit ihrem Papa verbringen. Sie brauchen ihn für Gespräche, handwerkliche Anleitung, Anerkennung und Zärtlichkeit.

Als Eltern wissen wir es längst: Die Teenagerzeit ist die schwierigste – eine Ablösungsphase, in der die Kinder zu Persönlichkeiten heranreifen. Wir wollen ihnen nicht alles durchgehen lassen. Das würden sie als Desinteresse deuten. Vielmehr möchten wir zeigen: Kind, du bist mir so viel wert! Deshalb muss ich dir in Liebe Grenzen stecken. Aber dazwischen hast du einen weiten Raum für alle deine Entscheidungen.

Weil ich jetzt die Kinder mehr loslassen kann, bin ich freier für meinen Mann. Zwischen uns wächst eine tiefe Liebe. Ich freue mich sogar auf später, wenn die Kinder ausgeflogen und wir wieder zu zweit sind. Wir haben uns viel zu sagen. Wenn ich meinen Mann beten höre, kann ich ihm ins Herz schauen und bin glücklich. So vertieft sich jetzt unsere Beziehung.«

21. Ein Spiel mit dem Feuer

Meine Freundin Claudia aus Saarbrücken ist für einige Tage bei mir zu Besuch. Beim Frühstück schlage ich unsere Tageszeitung »Die Rheinpfalz« auf. Ich bin entsetzt: Nur einige Dörfer weiter von hier beschmierten Unbekannte in der Nacht mehrere Grabsteine mit »Gott ist tot!« und »Satan lebt!« Dahinter das Zahlensymbol des Antichristen 666. Kreuze wurden herausgerissen und umgekehrt in den Boden gesteckt. Die Polizei geht davon aus, dass es sich bei den Gräberschändern um Personen aus der Satansszene handelt, so genannte Satanisten.

»Das ist mir nicht neu!«, meint Claudia. »Okkultismus und Satanismus breiten sich nicht nur in den Städten wie bei uns in Saarbrücken, sondern auch bei jungen Leuten auf dem Land aus. Sie erstellen Horoskope, pendeln, legen Tarotkarten, machen Tischerücken, befragen Verstorbene, üben fernöstliche Praktiken aus ... Wie leicht junge Leute für okkulte Praktiken zu gewinnen sind, das haben wir vor Jahren in unserer Familie erlebt. Tobias, unser Jüngster, und sein Freund Thomas fuhren, nachdem sie den Führerschein hatten, zum Campen an die Nordsee. Dort lernten sie sieben hübsche Mädchen kennen. Sie hörten die lautstarke Musik einer ganz bestimmten Band, die damals ›in‹ war. Zurückgekehrt kauften sich die beiden Freunde sofort CDs und Poster dieser Band.

Als ich in Tobias' Zimmer das Poster sah, traf mich fast der Schlag: Jeder Musiker trug eine große Kette, daran hing ein umgedrehtes Kreuz mit einer Schlange. Diese Symbole beunruhigten Tobias und Thomas überhaupt nicht. Inzwischen trugen sie nur noch schwarze Kleidung und enge Lederhosen in klobigen Springerstiefeln. Was nicht schwarz war, wurde schwarz gefärbt, sogar die weißen Turnschuhe. Ein Ohrring und ein dicker Fingerring mit einem Hakenkreuz gehörten auch dazu.

Die beiden Freunde besuchten fortan Open-Air-Konzerte, wo ihre Lieblingsband spielte. Als ich meinem Sohn ein paar Fragen bezüglich der Kleidung und des Rings stellte, antwortete er: ›Es wird niemand zu den Konzerten zugelassen, der wie ein Popper aussieht. Er würde wahrscheinlich von den anderen angegriffen werden, wie es mir einmal passiert ist!‹ Auf den Eintrittskarten stand die Warnung ›Besuch auf eigene Gefahr!‹, denn es kam vor, dass Personen im Gedränge totgetrampelt wurden.

›Ich habe inzwischen auch gelernt‹, erzählte Tobias weiter, ›durch Gedanken in manche Menschen hineinzugehen. Wer das auch kann, mit dem kann ich ohne Telefon Kontakt aufnehmen.

Wir wissen voneinander, was der andere denkt und tun will. Besonders in solchen Konzerten kann ich es praktizieren!‹

Ich war entsetzt. Ich versuchte, an meinen Sohn heranzukommen. Er hörte gar nicht zu, sondern sagte: ›Ach, Mam, hör auf! Du hast ja keine Ahnung!‹ Es war eine schwere Zeit für mich. Jeden Morgen, wenn alle aus dem Haus waren, ging ich in Tobias Zimmer und gebot: ›Alle Satansmächte müssen weichen in deinem Namen, Jesus!‹ Dann segnete ich das Zimmer, meinen Sohn und seine Freunde. In einer schlaflosen Nacht tröstete Gott mich mit Worten aus Jesaja 44,3: ›Ich will meinen Geist auf deine Kinder gießen und meinen Segen auf deine Nachkommen.‹ Von diesem Moment an wusste ich, dass Gott eines Tages meine Gebete erhören wird. Ich dankte ihm schon im Voraus.

Nach und nach veränderten sich einige Dinge. Tobias nahm das Poster von der Wand und ersetzte es durch andere Bilder. Er wechselte auch seinen Kleiderstil: tiefem Schwarz folgte eine schrille, bunte und lässige Kleidung. Sein Musikstil wurde auch etwas gemäßigter.

Seit der ersten Begegnung auf dem Campingplatz an der Nordsee waren inzwischen neun Jahre vergangen. Tobias hatte seine Freundin Ilka geheiratet, und ihr kleiner Sohn David war schon auf der Welt. Aber dann hatte Tobias noch einmal eine Begegnung mit einer Hamburger satanistischen Gruppe. Er war überzeugt, er habe dort einen Auftrag zu erledigen. Dazu zog er wieder seine schwarze Lederkleidung, die Springerstiefel und den Hakenkreuzring an. Ich erschrak zutiefst, als er in diesem Outfit vor mir stand.

Mit Autorität in meiner Stimme sagte ich zu ihm: ›Du weißt, dass du nicht mit ›Fleisch und Blut‹ zu kämpfen hast! Du hast es mit Satan zu tun! Den kannst du nicht bekämpfen. Jesus Christus hat Satan am Kreuz von Golgatha besiegt. Nur in seiner Kraft und mit seinem Segen wirst du unbeschädigt deinen Auftrag ausführen können – wenn du an ihn glaubst!‹

Da fragte Tobias: ›Was soll ich denn tun?‹ Ich hörte Unsicherheit aus dieser Frage. ›Komm, setz' dich her! Wir werden jetzt beten!‹ Plötzlich saß mein Sohn mir gegenüber –mit gefalteten Händen und geschlossenen Augen. Ich betete laut und klagte meinem himmlischen Vater alle meine Befürchtungen und stellte Tobias unter seinen Schutz und Segen. Als ich geendet hatte, betete Tobias: ›Vater, bitte beschütze mich und meine Freunde im Namen von Jesus! Amen.‹ Mir standen Tränen in den Augen, als ich meinen Sohn vor der Abfahrt nach Hamburg segnete.

Gleich darauf rief ich einige Mitchristen an, auch unseren Gemeindeleiter und seine Frau, und lud sie zu mir ein. Wir beteten intensiv zusammen. Nach drei Stunden kam endlich der erlösende Anruf aus Hamburg: ›Mam, Jesus hat sein Wort gehalten und uns geholfen!‹

In den darauf folgenden Tagen suchten Tobias und seine Frau Ilka unseren Gemeindepastor zu einem Gespräch auf. Beide sagten sich im Namen Jesu von allen okkulten Bindungen und von Satan los, nahmen Jesus als ihren Herrn in ihr Leben auf und versprachen, in Zukunft auf jede Droge zu verzichten und radikal alles aus ihrer Wohnung zu entfernen, was in irgendeiner Beziehung zu teuflischen Mächten steht.

Zu Hause zerschlug Tobias mit dem Hammer sämtliche satanischen CDs. Sie entfernten alle Amulette, Bilder und Holzfiguren dieser Gruppe und verbrannten sie im Kamin. Tobias und Ilka zogen einen klaren Strich unter ihr früheres Leben ohne Gott. Das Alte ist vorbei! Ein Neues hat begonnen!

Wir haben allen Grund, Gott die Ehre zu geben, dass er so überschwänglich unsere Gebete erhört hat.«

22. Einen verlorenen Sohn segnen

Meine Freundin Maja erzählt:

»Meine Schwester und ich sind mit der Bahn auf dem Weg nach Eutin. In Hamburg steigen mit lautem Getöse sieben junge Erwachsene ein, vier Männer und drei Frauen. Ihr Outfit und ihr Verhalten sind auffallend provokativ. Panikartig verlässt eine Familie mit zwei kleinen Kindern das Abteil. Doch wir entscheiden uns zu bleiben. Die sieben jungen Leute versuchen lautstark sich in die vier Sitze auf der anderen Seite des Ganges hineinzuquetschen. Es reicht nicht ganz; einer hockt sich auf den Boden. Der Bierkasten, das Kofferradio und die Sektflaschen finden zwischen den Füßen noch Platz.

Der Zug setzt sich in Bewegung. Die Musik beginnt zu dröhnen. Mit Gelächter werden Bierdosen herumgereicht. Eine nach der anderen fliegt bald darauf demonstrativ zum Fenster hinaus. Dann wird mit Hallo die erste Sektflasche entkorkt. Wir ahnen bang, dass die zweite bald folgen wird. Das Gegröhle wird immer lauter.

Von einem Schaffner ist in dem überfüllten Zug nichts zu sehen. Ich bin ratlos. Da fällt mir ein, dass wir im Hauskreis wiederholt vom Segnen gesprochen haben. Ich denke: ›Die Situation ist dazu wie geschaffen!‹, und beginne in meinen Gedanken, sie betend zu segnen. Wir haben Zeit. Der Zug rollt durch das ebene Land. Die Musik dröhnt. Der Alkohol wirkt. Gekichere, Gelächter, Gekreische, Gebrüll! Und ich bleibe weiter am Segnen.

Einer der jungen Leute löst sich aus der Gruppe, kommt zu uns. Er hat ein feines, sympathisches Gesicht, die Haare halblang, ein Tuch piratenmäßig um den Kopf gebunden. Zu meiner Überraschung setzt er sich direkt neben mich auf den Boden mit dem Rücken zur Wagentür. Er guckt mich an und beginnt das Gespräch. Zuerst redet er über Allgemeines. Dann fragt er: ›Ist die Musik Ihnen auch zu laut?‹ Einige Mitreisende hatten nämlich kräftig geschimpft. Ich antworte: ›Ja!‹ Wir schauen uns in die Augen, und er spürt, dass ich ihn wertschätze. Da rutscht es mir heraus, obwohl ich von Natur aus nicht bekenntnisfreudig bin: ›Kennen Sie Jesus? Er kann Ihnen helfen!‹ Überrascht antwortet er: ›Ja, von früher, als ich noch daheim war!‹

Ich muss den Nagel auf den Kopf getroffen haben, denn nun beginnt er zu erzählen: von seiner Familie, von seinem Vater, der ein gläubiger Christ ist, und von seiner Mutter, die sich hat scheiden lassen. Obwohl er längst erwachsen ist, macht ihm die Scheidung seiner Eltern zu schaffen. ›Ich habe mich von Zuhause gelöst und hänge jetzt in der Luft! Kein Geld mehr!‹ Er hält dauernd eine angebrochene Bierdose in der Hand, als wolle er sich daran festhalten. Er erzählt weiter. Hat er seine Kumpane ganz vergessen?

Meine Schwester, die das Gespräch und die ganze Situation mit Anteilnahme verfolgt, schaltet sich nun ein: ›Gehen Sie doch wieder heim zu Ihrem Vater! Er wird Sie nicht zurückweisen, so wie Sie ihn uns geschildert haben!‹ Aber der junge Mann wehrt ab: ›Ich weiß nicht, ob er mich so, wie ich jetzt bin, aufnimmt. Er wird mich wohl nicht unterstützen. Er gibt lieber sein Geld den Rollstuhlfahrern und anderen Behinderten!‹

Da bremst der Zug. Wir machen uns zum Aussteigen bereit. Wie selbstverständlich ergreift der junge Mann meinen Koffer, sein Freund packt den meiner Schwester. Die beiden stellen unser Gepäck auf dem Bahnsteig ab. Erstaunt sehen wir, wie unser Gesprächspartner seine Bierdose an die

Bahnsteigkante hält und das Bier hinuntergluckern lässt. Will er noch etwas aus seinem Leben ausleeren? Er wendet sich uns wieder zu. Bewegt verabschieden wir uns. Ich lege ihm dabei meine Hand auf die Schulter und sage: ›Jesus segne Sie! Er hilft Ihnen, dass Sie wieder zu Ihrem Vater zurückfinden!‹

Der Schaffner pfeift. Die beiden Männer steigen ein. Der Zug fährt ab.

Während unseres Urlaubs und auch noch später haben wir für unseren Gesprächspartner, auch für seinen Freund und die anderen fünf gebetet. Wir wissen, dass Gott auf seine Weise an ihnen handeln wird.

Zur Betrachtung (zu dem Bild auf S. 78)

Wie denken und verhalten sich die fünf Personen?

Aus dem Rahmen fällt diese Person, welche missgünstig die Heimkehr des verlorenen Sohnes beobachtet. Warum macht sie den Laden zu?

In welche der fünf Personen kann ich mich am besten hineindenken?

Kann ich vergeben, wie der Vater vergibt?

Kann ich um Vergebung bitten wie der Sohn?

Wie kann ich mithelfen, dass früher Außenstehende sich in der Familie Gottes einleben, wie es die beiden Diener tun?

Bild: »Heimkehr des verlorenen Sohnes« von Rembrandt
(Kupferstich)

23. Die Mutter segnen,
   anstatt ihr Schuld zuzuweisen

Als Referentin auf einem Frauentag fragte ich: »Wenn junge Erwachsene ihr Leben nicht auf die Reihe bekommen, wenn sie versagen, wenn sie angeblich nicht beziehungsfähig sind, wenn sie Drogen nehmen, wenn sie irgendwo Bruch erleiden – wem wird dann die Schuld in die Schuhe geschoben?« – »Immer der Mutter!«, antworteten einmütig die Frauen. »Ja!«, fuhr ich fort, »das ist zurzeit gang und gäbe! Psychologen nennen diese Haltung ›mother blaming‹, die Mutter tadeln.«

Die junge Maria dagegen sagte sich: »Keine Erziehung ist perfekt! Meine Mutter hat auch manche Fehler gemacht. Ich vergebe ihr und segne sie! Schließlich bin ich auch auf Mutters Vergebung angewiesen!«

Maria hatte wegen ihrer Mutter ein Problem: Maria hat eine wunderbare Gabe, die Botschaft von Jesus Christus Erwachsenen und Kindern anschaulich zu vermitteln. Es ist die Gabe der Evangelisation. Darum wird sie gern als Referentin für Elternabende, Mitarbeiter/innen, Jugend- und Kindergruppen in die Gemeinden eingeladen. Wenn sie im Team einen Familiengottesdienst vorbereitet und leitet und die Kirche voller Leben ist, dann sagen manche: »Das ist's, was wir in unserer müden Gemeinde brauchen!«

Wenn man dann Maria schwungvoll und sprühend vor Ideen vorne stehen sieht, denkt man nicht, dass sie einen persönlichen Kummer hat. Mir hat sie ihn erzählt:

»Ich erkläre fremden Müttern und unbekannten Leuten biblische Wahrheiten. Ich hänge mein ganzes Herz hinein, dass sie begreifen möchten, wer Jesus Christus ist, und wie man an ihn glauben kann. Viele öffnen sich. Aber meine eigene Mutter, die ich sehr liebe, bleibt dafür verschlossen. Ihr kann ich gar nichts von dem sagen, was mir das Wichtigste ist. Das belastet mich. Natürlich bete ich für sie; aber sie wird immer älter und lebt mehr und mehr in eingefahrenen Gleisen. Ich fürchte, kein Mensch hat ihr je gesagt, wie sie in eine persönliche Verbindung mit Jesus Christus kommen kann.

Vor einem Jahr begleite ich Mutter auf unseren Friedhof. Schweigend stehen wir vor dem Familiengrab. Auf dem Grabstein ist noch Platz für Namen. Da sagt sie: ›Wenn ich sterbe, weiß ich wenigstens, wo ich hinkomme! Hierher! Das beruhigt mich!‹ Ich spüre einen Stich in meinem Herzen. Darum wage ich auf dem Heimweg zu fragen: ›Mutter, weißt du auch, wo du die Ewigkeit verbringst, wenn du stirbst?‹ Sie wehrt entschieden ab. ›Davon reden wir nicht! Das macht der Herrgott schon richtig!‹

Letzten Herbst war große Krankheitsnot in der Familie. Vielleicht hat Mutter sich Gedanken gemacht, wie es weiter gehen wird. Auf einmal ist sie offen für eine Einladung in den örtlichen Bibelkreis. Wöchentlich treffen sich dort Interessierte, lesen einen Bibelabschnitt und tauschen sich darüber aus. Zum Schluss wird gebetet, wobei sich jeder beteiligen kann, wenn er will. Mutter geht nun regelmäßig in diesen Kreis. Sie fühlt sich dort angenommen, so wie sie ist.

Sie ist inzwischen so frei geworden, dass sie mir von Gebetserhörungen erzählt. Ich komme aus dem Staunen nicht heraus. Gott hat unserer Mutter immer wieder Hinweise gegeben, bis sie schließlich mit 72 Jahren seine ausgestreckte Hand erfasst hat.

Vor kurzem sagt sie mir am Telefon: ›Schön, dass du eine Urlaubswoche bei mir verbringen willst. Dann werden wir zusammen in der Bibel lesen! Ich muss da noch viel lernen!‹ Doch am ersten Urlaubstag höre ich keine Aufforderung zum Bibellesen, auch nicht am zweiten und dritten Tag. Erst nachdem ich ihr die Vorhänge gewaschen und wieder aufgehängt und ein Stück Gartenland umgegraben habe, sagt sie: ›Unser Bibelkreis hat gerade Sommerferien, und ich vermisse ihn. Aber wir haben Hausaufgaben bekommen. Schau, wir sollen einige Kapitel lesen und diese Fragen beantworten. Willst du das für mich tun?‹ – ›Lass uns das zusammen tun, Mutter!‹, schlage ich vor.

Wir machen tatsächlich zweieinhalb Stunden Bibelstudium! Mutter kann kaum aufhören. Mit einer unglaublichen Freude entdeckt sie biblische Wahrheiten. Am nächsten Tag können wir nach dem Lesen eines Psalmes zum ersten Mal in unserem Leben gemeinsam miteinander beten – wir zwei – Mutter und ich! Wir erleben beim Beten eine innere Gemeinschaft, die uns beglückt. Sie betet für ihre beiden Kinder, ihre Schwiegertochter und ihre Enkelin, sie bittet Gott um Vergebung, und dass er ihr an ihrem letzten Ende beistehen möge. Sie hat nur eine Klage: ›Ich vergesse leider so schnell wieder, was ich gerade in der Bibel gelesen habe!‹ Und eine Bitte an mich: ›Wenn ich sterbe, dann halte mir meine Hand!‹«

Das ist wirklich ein Wunder. Es ist äußerst selten, dass Menschen in diesem Alter noch eine so entscheidende Kehrtwende machen. Beim Älterwerden vertiefen sich in der Regel die eingefahrenen Gewohnheiten; die Charakterzüge und inneren Vorstellungen verstärken sich immer mehr. Doch Marias Mutter hat sich noch in der Tiefe geändert! Sie hat die Richtung zu Gott hin eingeschlagen. Bei ihm wird sie in Ewigkeit sein.

24. Auch das gibt es

Eine mir bekannte Pfarrfrau muss ins Krankenhaus. Nach ihrer Behandlung wird sie in ein Zweierzimmer gebracht. Im anderen Bett befindet sich eine Frau, der es schon besser geht. Diese setzt sich mehrmals am Tag auf und murmelt Gebete vor sich hin. Zwischen der Pfarrfrau und ihrer Zimmergenossin entspinnt sich ein Gespräch:

»Sie sind wohl Christin?« – »Wieso?« – »Weil Sie beten!« – »Aber ich bete doch gar nicht!« – »Oh, ich dachte, es wären Gebete, die Sie leise sprechen!« – »Na ja, man könnte meine Verse auch Gebete nennen. Aber es sind Formeln!« – »Formeln? Was für Formeln?« – »Wenn Sie es genau wissen wollen: Es sind Flüche! Ich habe den Auftrag bekommen, auf bestimmte Leute einen Fluch zu legen!« – »Wie bitte?« – »Regen Sie sich bitte nicht auf. Es betrifft Sie ja gar nicht! Ich soll Pfarrersehen und Pfarrfamilien verfluchen!« – »Aber warum in aller Welt?« – »Nun – Pfarrersehen und Pfarrfamilien sind Schlüsselfiguren in der christlichen Gemeinde. Wenn diese Anstoß erregen, dann ist es in jedem Fall ein Schaden für ihre Kirchengemeinde oder Gemeinschaft!« – »Da muss ich Ihnen Recht geben. Wenn es bei den Hauptverantwortlichen in der Ehe und Familie nicht klappt, werden die Münder aufgerissen. Die Wortverkündigung und das Gemeindeleben sind schwer belastet!« – »Genau – das will ich!« – »Und wer hat Sie zu diesem Fluchdienst beauftragt?« – »Mein Meister!«

Die Pfarrfrau schweigt betroffen. Sie wagt nicht zu sagen, dass auch sie eine Pfarrfrau ist. Es ist unheimlich: Wie sie selbst einen Auftrag zur Fürbitte und zum Segnen hat, so weiß die andere Patientin sich beauftragt, bestimmte Menschen zu verfluchen.

Meine Bekannte bittet intensiv um Gottes Schutzmantel und ist heilfroh, dass sie bald danach aus dem Krankenhaus entlassen wird.

Einige Wochen später berichtet sie uns im Gesprächskreis für Pfarrfrauen von dieser Begegnung im Krankenhaus. Sie fügt hinzu: »Wenn die Familien unserer Pfarrer verflucht werden, dann müssen wir sie umso mehr segnen. Deshalb will ich von jetzt ab ganz besonders für die Ehen und Familien der Hauptamtlichen in Gemeinde und Gemeinschaft beten. Das ist aber ein hartes Stück Arbeit. Ich schaffe das nicht alleine! Wer von euch will mithelfen? Wir Prediger- und Pfarrfrauen wissen am besten Bescheid, was in unseren Familien und in denen der Kollegen alles vorkommt. Doch euch zum Trost: Gottes Segen ist immer stärker als Satans Fluch!«

Wie treu segnen Gemeindeglieder ihre Leiter?

Abendsegen

Bewahre unser Haus und Land
durch deine gnädige Jesushand.
Dein heilges Blut sei hier der Schutz
und biet des Feindes Anschlag Trutz!
Dein Kreuz das Siegeszeichen ist,
das Satan flieht, Herr Jesus Christ!
Es steh über dem Haus und Land,
dass sie als dir geweiht erkannt.
Dein Jesus-Name sei die Macht,
durch die Haus, Land und Seel bewahrt.
Und deine Engel halten Wacht. Amen.
                                    M. Basilea Schlink

(Aus: »Hoffnung in einer hoffnungslosen Welt – ein Handbuch für Beter«, Verlag Evangelische Marienschwesternschaft, Postfach 130 129, 64241 Darmstadt)

25. Verärgerte Nachbarn segnen

Meine Neustadter Freundin Rita, von Beruf Lehrerin und allein lebend, hat sich eine schöne Eigentumswohnung in einem neuen 4-Familienhaus gekauft. Dieses Haus hat einen herrlichen Blick in die Rheinebene und füllt nun eine Baulücke in der Straße. Rita hatte den Kaufvertrag unterschrieben, noch bevor ihre Wohnung fertig gestellt war.

»Stell dir vor, Hanne«, erzählte sie mir, »ich will mein neues Heim besichtigen, da läuft mir meine zukünftige Nachbarin in den Weg.

›Soso, Sie wollen also in diesen Klotz hier einziehen, direkt an meine Seite!‹ – ›Ja‹, antworte ich und stelle mich vor.

Sie fährt fort: ›Seit Monaten ärgere ich mich über diesen Neubau. Zuerst der Lärm und der Dreck – und jetzt ist er viel größer als unser Haus geworden. Vorher hatten wir nebenan einen freien Platz und eine schöne Aussicht – und nun ist alles verbaut. Es ist mir zu eng geworden! Ich habe keine Luft mehr zum Atmen! Das macht mich noch krank!‹ Ich sage vorsichtig: ›Vielleicht können wir trotzdem gute Nachbarschaft halten!‹ Sie dreht sich um und geht weg. Ich sehe da Schlimmes auf mich zukommen!«

»Rita«, rate ich meiner Freundin, »fange gleich an, die Nachbarn zu segnen! Ich will dich dabei unterstützen!«

»Meinst du, dass es hilft? Gut, ich will es ausprobieren!«

Rita bezog ihr Eigenheim. Ihre Terrasse grenzt direkt an den Garten der Nachbarin. Von ihrem Schlafzimmer aus kann sie das nachbarliche Gelände überblicken. Die Nachbarin ist nach wie vor verärgert und grüßt nicht; sie hat sich immer noch nicht an den schmucken Neubau nebenan gewöhnt.

»Ich mache drei Dinge«, erzählt mir Rita, »wenn ich morgens den Rollladen im Schlafzimmer hochziehe, dann bitte ich: ›Lieber Gott, segne meine Nachbarin!‹ Wenn ich ihn abends wieder herunter lasse, sage ich: ›Jesus, ich segne sie in deinem Namen!‹ Das mache ich schon seit drei Monaten! Dann grüße ich sie immer zuerst. Doch sie übersieht mich meistens. Das Dritte, das ich mir vorgenommen habe, ist, dass ich ihr keinen Anlass zur Verärgerung gebe: Ich schaue kaum zum Schlafzimmerfenster hinaus. Nur wenn meine Neffen und die Patenkinder mich besuchen, geht es auf meiner Terrasse recht laut zu. Das ist nun mal nicht zu vermeiden.«

Wochen sind vergangen. »Segnest du sie immer noch?«, frage ich Rita. »Ja«, antwortet sie deprimiert, »täglich zweimal, jetzt schon über ein halbes Jahr lang!«

»Wir bleiben am Segnen!«, sage ich entschieden.

Weihnachten ruft Rita mich an: »Mein schönstes Weihnachtsgeschenk ist ...«, sie macht eine spannende Pause, »meine Nachbarin hat mich zuerst gegrüßt. Sie hat mir sogar zugewunken!«

»Halleluja!«, rufe ich, »es wird noch weit besser werden! Wir bleiben weiter am Segnen!«

Im Frühjahr, nachdem wir 16 Monate lang treu gesegnet haben, erzählt mir Rita: »Stell dir vor, ich unterhalte mich jetzt mit der Nachbarin über das Wetter, über das Amselnest in ihrem Garten, über die Katze und die Elstern, welche die Amselkinder gefährden!«

26. Wir segnen alte Menschen, Kranke und Sterbende

Wir sind berufen, alte, kranke und sterbende Menschen zu segnen. Das geschieht meistens bei einem Besuch. Vielleicht erleben wir im Gespräch Offenheit und spüren, dass uns Vertrauen geschenkt wird. Dann kann man nichts falsch machen, wenn man beim Abschied fragt: »Darf ich noch einen Segen beten, bevor ich gehe? – Darf ich dabei Ihre/deine Hand halten?« Bei Einverständnis kann man auch ein bekanntes Bibelwort, ein kurzes Gebet und das Vaterunser sprechen und mit einem Segenszuspruch abschließen.

Bei Kranken dürfen wir immer voll Vertrauen um gute Besserung bitten, fügen aber stets den Satz an: »Dein Wille geschehe!« Würden wir Heilung »prophezeien«, diese jedoch nicht eintreffen, dann wäre die Resignation für den Kranken ein großer Schaden. Gottes Wille ist lauter Güte und Liebe, auch wenn sie uns momentan durch Leid und Schmerzen verdunkelt ist. Er macht keine Fehler. Entweder heilt er die Krankheit, oder er gibt Kraft und Geduld, sie zu tragen.

Bei Sterbenden beten wir laut und langsam den 23. Psalm und das Vaterunser. Danach segnen wir mit den Worten: »Der Herr behüte dich vor allem Übel; er behüte deine Seele. Der Herr behüte deinen Ausgang und Eingang – deinen Ausgang aus dieser vergänglichen Welt und deinen Eingang in Gottes ewiges Reich – von nun an bis in Ewigkeit. Amen.« (Psalm 121,7–8)

Am Sterbebett einer alten Frau sagte mir die Tochter: »Unsere Mutter ist seit Tagen ohne Bewusstsein. Aber eine innere Unruhe lässt sie nicht sterben.« So weit ich die Sterbende kannte, lebte sie nicht in einer lebendigen Gottesbeziehung. Ich betete sehr laut über ihr und hatte den Eindruck, sie würde mich von ferne hören. Ich bat in ihrem Namen Gott um

Vergebung und sagte ihr Gottes liebevolle Gnade zu. Dann segnete ich sie im Namen des Dreieinigen Gottes und machte ein Kreuzeszeichen auf ihre Stirn. Da atmete sie tief und seufzte. Sie konnte jetzt loslassen, was sie beunruhigt hatte. Einige Stunden später ist sie im Frieden gestorben.

Ich besuchte öfter einen Krebspatienten. Es gab keine Hoffnung mehr für ihn. Doch er konnte nicht sterben. Endlich sprach er aus, was ihn quälte: »Ich kann meinem Vater nicht vergeben, dass er ungerecht und jähzornig war. Zwar war er ein frommer Mann und konnte lange Gebete sprechen. In unserem Haus war die wöchentliche Bibelstunde. Aber er hat im Zorn die Kuh verdroschen und seine Frau und Kinder angebrüllt. Und jetzt ist er im Himmel! Ich muss immer daran denken!«

Wieder zu Hause betete ich intensiv für den Todkranken. Dabei kam mir der Gedanke: »Sage ihm, warum sein gläubiger Vater Gottes Vergebung erhalten hat und dass er seinen heimkommenden Sohn vom Himmel aus in Liebe segnet und ihn erwartet!« Als der Sterbende das hörte, dachte er innerlich gesammelt darüber nach. Eine kurze Zeit später ist er im Frieden heimgegangen.

Ein unschätzbarer Segen ist das Hausabendmahl, ein wunderbares Zeichen für Schuldvergebung und Gemeinschaft mit Jesus Christus. Öfters habe ich dabei erlebt, wie kranke und gebrechliche Menschen erleichtert waren, weil sie jetzt schmeckten, dass Gott ihnen vergeben hat. Ich erinnere mich an eine Todkranke, bei der wir dachten, sie würde die Nacht nicht überleben. Aber nach dem Abendmahl wirkte sie gelöst und dankbar. Sie erholte sich zusehends und lebte noch fast zwei Jahre.

Wenn Gemeindeglieder und Familienangehörige nur besser einschätzten, wie groß der Verlust ist, wenn sie nicht um ein Hausabendmahl bitten! Es geht ihnen ein starker Segen verloren!

27. Für Kranke nach Jakobus 5 beten

Jakobus gibt in seinem Brief in Kapitel 5, Verse 14–16 eine klare Anweisung, wie sich Christen im Krankheitsfall verhalten sollen:

»Ist jemand unter euch krank, der rufe zu sich die Ältesten der Gemeinde, dass sie über ihm beten und ihn salben mit Öl in dem Namen des Herrn. Und das Gebet des Glaubens wird dem Kranken helfen, und der Herr wird ihn aufrichten; und wenn er Sünden getan hat, wird ihm vergeben werden. Bekennt also einander eure Sünden und betet füreinander, dass ihr gesund werdet. Des Gerechten Gebet vermag viel, wenn es ernstlich ist.«

Unmissverständlich steht hier: Der Kranke bittet die Gemeindeleiter zu sich. Das sind reife, seelsorgerliche Christen, Frauen wie Männer, die das Vertrauen der Gemeindeglieder haben und in einer leitenden Verantwortung stehen. In der Regel sollten es mindestens zwei sein, denn Jakobus spricht von ihnen in der Mehrzahl. Sie beten laut und vertrauensvoll über dem Patienten. Eine Person benetzt ihren Finger mit Öl und zeichnet im Namen des Vaters, des Sohnes und des Heiligen Geistes auf Stirn oder Hände des Kranken ein Kreuz. Somit kann dieser auch spüren, dass er unter dem Segen Gottes ist. Das »Gebet des Glaubens« bewirkt in jedem Fall etwas: es hilft dem Kranken und richtet ihn innerlich, vielleicht auch körperlich wieder auf. Es stärkt ihn, vermittelt Frieden und Gottergebenheit. Dieses geistliche Gesundwerden kann, wenn Gott es will, auf den Körper ausstrahlen und sogar Genesung bringen.

Die Anweisung von Jakobus klingt so einfach und vielversprechend. Trotzdem wird sie nur selten befolgt. Woran liegt es? Wohl daran, dass er diese Stärkung für den Kranken mit dem Bekennen von Sünden gekoppelt hat. Wer gibt schon gern seine Sünden zu? Nicht nur der Kranke soll seine Sünden bereuen, sondern auch die anwesenden Seelsorger und Seelsorgerinnen sollen sie einander laut bekennen. Aber ...!

Auf jedes aufrichtige Sündenbekenntnis folgt immer Gottes Vergebung. Sie ist das beste Heilmittel für Leib, Seele und Geist. Friede von Jesus kann sich jetzt ausbreiten. Wer seine Schuld namentlich zugibt – nicht nur pauschal – wird von Gott gerecht gesprochen. Solche Gerechte können jetzt vollmächtig um Genesung bitten. Es ist so traurig, dass die Krankensalbung vielerorts in Vergessenheit geraten ist. Nicht zu ermessen, welcher Segen uns selber und den Gemeindegliedern verloren gegangen ist! Das ist bestimmt nicht der Wille unseres segnenden Gottes!

28. Das Zeitliche segnen

Früher sagte man, wenn ein Mensch im Frieden heimgegangen ist: »Er hat das Zeitliche gesegnet.« Leider ist dieser inhaltsreiche Ausdruck in Vergessenheit geraten, aber seine Bedeutung hat uns gerade heute viel zu sagen. Ein solcher Mensch hat sich mit seiner eigenen Lebensgeschichte ausgesöhnt.

Vielleicht sagt diese Person: »Dass meine Kindheit nicht eitel Sonnenschein und Freude war, kann ich jetzt akzeptieren. Ich brauche nicht mehr gegen leiderfüllte Lebensabschnitte zu rebellieren. Auch muss ich nicht mehr voller Trauer in ihnen hängen bleiben. Mein himmlischer Vater hat sie mir zugemutet, damit ich gewisse Erfahrungen mache und reif werde für Gottes zeitlose Welt.

Ich vergebe meiner Mutter, meinem Vater, meinen Geschwistern; all denen, die mich in meiner Kindheit und Jugendzeit begleitet haben und verletzten. Ich mache ihnen keine Vorwürfe mehr.

Ich vergebe auch denen, die mich niederdrückten und verleumdeten, die mich überfordert und ausgenutzt haben. Ich vergebe so, wie du mir vergeben hast, mein Jesus! Hilf mir, dass ich in der kurzen Zeit, die mir noch bleibt, alles Vergängliche segnen kann. Ich will Groll und Bitterkeit nicht mit ins Grab nehmen, sondern versöhnt aus dieser Welt gehen.

Jesus, und nun gib mir die Kraft, auch der Person zu vergeben, die mich am tiefsten verletzt hat. Mein Jesus, das kannst nur du! Du hast für deine Peiniger gebetet und hast ihnen vergeben. So will ich jetzt mit deiner Hilfe diese Person segnen!

So segne ich das Zeitliche und schließe Frieden mit meiner Vergangenheit.«

Für mich sehr eindrucksvoll hat Elisabeth Lotze das Zeitliche gesegnet. Sie war, bis sie Rentnerin wurde, eine selbstbewusste, tüchtige und fast unentbehrliche Verkaufsleiterin in einer großen Firma, die Schmelztiegel herstellt. Eine streitbare und manchmal gefürchtete Kämpferin! Es war für sie kein Problem, Vorträge in vier verschiedenen Sprachen zu halten und ihre Firma auf der Messe zu vertreten. Umso schwerer fiel es ihr, sich in den Ruhestand zurückzuziehen. Sie verlor ihre ganze Spannkraft, wurde bitter und sah vieles nur negativ.

Aber der Vater im Himmel hat in seiner Treue an ihr gearbeitet und sie noch auf ihrer allerletzten Lebensstrecke verwandelt. Elisabeth Lotze, die wie eine Lokomotive war, ist nun auf den Rollstuhl angewiesen und muss sich schieben lassen. Dann mutet ihr Gott auch noch zu, dass sie in ihren letzten fünf Lebensjahren im Altenpflegeheim in Großalmerode liegen und durch eine Sonde ernährt werden muss.

In dieser Zeit durchwandert sie an Jesu Hand ihr ganzes Leben. So weit sie die körperliche Kraft noch hat, bespricht sie alles mit ihrem Herrn und bereinigt, was zu bereinigen ist. Zu ihrer Freundin Irmgard kann sie dann sagen: »Ich hab's angenommen!« Diese fragt sie: »Was hast du jetzt angenommen?« Sie antwortet: »Alles!«, und beschreibt mit ihrer Rechten einen Bogen in die Luft. Es ist Gottes Friedensbogen über ihrem Leben. Ihre Tochter sagt verwundert: »Dass ich das miterleben kann, wie gütig und mild meine streitbare Mutter geworden ist! Ich hätte nie gedacht, dass sie so genügsam und friedlich werden kann!«

So hat Elisabeth Lotze einen gesegneten Heimgang in Gottes ewiges Reich erlebt.

Zum Nachdenken

Welche sind meine traurigen Lebensphasen, in denen ich verletzt wurde?

Kann ich sie akzeptieren?

Kann ich vergeben?

Bild: Zeichnung von Johannes Risch: »Den Schattenseiten des Lebens die Hand zur Versöhnung reichen«

29. Sterbende segnend begleiten

Eine Hospizerfahrung

»Was hat Sie eigentlich bewogen, Hospizhelferin zu werden?«, frage ich Frau Erni.

»Das kann ich Ihnen gern erklären«, antwortet sie. »Mein Mann musste drei Wochen auf der Intensivstation liegen und war mit Schläuchen an verschiedene Apparate gebunden. Sein Leben war in Gefahr, und ich machte mir große Sorgen.

Doch weil ich eine Ausbildung als Pflegehelferin habe, durfte ich ohne Einschränkung am Bett meines schwerkranken Mannes sitzen. Unseren kleinen Sohn vertraute ich einer Pflegemutter an und verbrachte die Nächte und viele Stunden am Tag bei meinem Mann. Er konnte nicht das Geringste äußern. Trotzdem habe ich viel zu ihm gesprochen.

Nach drei Wochen kam mein Mann wieder zu sich! Sobald er reden konnte, sagte er: ›Die ganze Zeit habe ich gemerkt, dass du an meiner Seite bist. Ich habe alles gehört, was du zu mir gesprochen hast, doch ich konnte mich nicht äußern. Deutlich habe ich gefühlt, dass du meine Hand hältst. Ich habe sogar gespürt, wie du mich geküsst und gestreichelt hast. Das hat mir in dem dunklen Tunnel, in dem ich mich befand, unwahrscheinlich geholfen. Ich habe gewusst: Ich bin nicht allein. Ich danke dir für deine liebevolle Begleitung in meiner dunkelsten Stunde!‹

Deshalb möchte ich, so weit es mir möglich ist, Schwerkranken und Sterbenden beistehen, wenn sie sich im dunklen Tunnel befinden. Sie sollen merken, dass sie nicht verlassen sind.

Vorgestern fragte mich unsere Hospizleiterin: ›Haben Sie den Mut, eine Sterbende in der Nacht zu betreuen?‹ Ich überlegte, ob ich mir zurzeit einen solchen Dienst zumuten kann, und erkannte ein Ja in mir. Darum sagte ich zu, ging am Abend ins Pflegeheim und löste dort meine Hospizleiterin ab.

Ach, da liegt die Sterbende röchelnd vor mir. Ein Bild zum Erbarmen. Die einweisende Stationsschwester erklärt mir einiges. Die Patientin habe 39° Fieber. Leider waren die Erfrischungsstäbchen ausgegangen! Kein Problem! Ich habe gelernt, was zu tun ist! Ich tauche einen kleinen Gazestreifen in den Tee, und lege ihn sanft über den geöffneten Mund der fiebernden Frau. So werden Lippen und Zunge befeuchtet.

Sobald das Gazeläppchen durch den fiebrigen Atem nach etwa 20 Minuten getrocknet ist, wiederhole ich die Befeuchtung. Dazwischen rede ich mit ihr, weil ich den Eindruck habe, dass sie wach ist, obwohl ihre Augen geschlossen sind. Sie soll spüren, dass sie nicht allein gelassen ist. Ich klopfe ihr sanft auf die Wangen und streiche ihr über den Kopf. Dann singe ich ihr direkt ins Ohr: ›So nimm denn meine Hände und führe mich ...‹ Währenddessen atmet sie etwas ruhiger. Sie hört offenbar zu. Ich spreche den 23. Psalm, der ihr bekannt sein dürfte. Danach bete ich sehr langsam das Vaterunser. Bei der Bitte: ›... und vergib uns unsere Schuld, wie auch wir vergeben unseren Schuldigern‹, mache ich eine Pause und wiederhole nochmals diesen Satz. Ich weiß ja nicht, was sie alles erlebt hat. Bei ›Amen‹ schnauft sie tief auf. Ob sie sich im dunklen Tunnel befindet? Dann braucht sie ein Licht. Darum spreche ich segnend: ›Der Herr lasse sein Angesicht leuchten über dir – und sei dir gnädig!‹ Ich stelle mir vor, wie das strahlende Angesicht Jesu ihren Weg durch den Tunnel hell macht.

Da klopft es an der Tür. Der Sohn und die Schwiegertochter wollen von der Mutter Abschied nehmen. Scheu stehen sie an ihrem Bett. Ich nehme das feuchte Gazeläppchen weg. Der zahnlose Mund steht weit offen. Ihre Zunge hängt an der Seite etwas heraus. Die Nase ist spitz und weiß. Die Wangen sind eingefallen. Der ganze Körper ist bis auf die Knochen abgemagert. Die Lunge ringt nach Luft. Ja, das Sterben ist nicht ästhetisch!

Ich bitte die Besucher näher heran und sage: ›Sehen Sie, Sie können Ihre Mutter, so wie ich es jetzt tue, streicheln und ihre Hand halten. Sie fühlt das noch. Sprechen sie lieb mit ihr; sie hört es!‹ Da verlieren Sohn und Schwiegertochter ihre Scheu und zeigen der sterbenden Mutter ihre Liebe und

Dankbarkeit. Ich bleibe im Hintergrund und verlasse kurz das Sterbezimmer, damit die Familie unter sich sein kann. Vielleicht wollen die Kinder ihrer Mutter zum Abschied noch etwas ganz Persönliches sagen.

Ich gehe wieder ins Zimmer. Sohn und Schwiegertochter bleiben über zwei Stunden. Eine gute und friedliche Atmosphäre umgibt uns. Dann verabschieden sich die beiden liebevoll von der Mutter und bedanken sich rührend bei mir. Nachdem sie gegangen sind, helfe ich der Nachtschwester, die Sterbende frisch zu machen und besser zu legen. Ach – beide Beine werden zunehmend blau! Sie röchelt und ringt mit dem Tod. Eine heilige Stunde: Ein Mensch schickt sich, seinem Gott zu begegnen.

Wieder bete ich langsam das Vaterunser und spreche den ›Lichtsegen‹, wie ich ihn nenne, und singe diesmal:

> *›Befiehl du deine Wege und was dein Herze kränkt*
> *der allertreusten Pflege des, der den Himmel lenkt ...*
> *Mach End, o Herr, mach Ende mit aller unsrer Not;*
> *stärk unsre Füß und Hände und lass bis in den Tod*
> *uns allzeit deiner Pflege und Treu befohlen sein.*
> *So gehen unsre Wege gewiss zum Himmel ein.‹*
>
> *Paul Gerhardt*

Ab und zu lese ich kurze, bekannte Bibelworte vor, die ich in meinem Losungsbüchlein angestrichen habe. Welche Kraft geht von ihnen aus! Sie stärken nicht nur die Sterbende, sondern auch mich in dieser schweren Situation; denn ich brauche jetzt auch Gottes Beistand. Zum letzten Mal segne ich sie: ›Der Herr lasse leuchten sein Angesicht über dir und sei dir gnädig! Er wende sein Angesicht dir zu und gebe dir seinen Frieden!‹ Da ist sie am Ende des Tunnels angelangt und tut ihren letzten Atemzug. Ich übergebe sie unserem gnädigen Gott.

Ich rufe die Schwestern herbei. Am frühen Morgen gehe ich sehr erschöpft, aber dankbar nach Hause. Ich kann nicht gleich einschlafen. Das Sterbeerlebnis beschäftigt mich noch lang.«

So weit Frau Erni.

In unserer »Spaßgesellschaft«, wo Tod und Sterben tabu sind, setzen sich Ehrenamtliche ein, um Schwerkranke, Sterbende und Trauernde in Liebe zu begleiten. Sie schenken Menschen in ihrer letzten Lebensphase und auch deren Angehörigen Zuwendung und Fürsorge.

30. Gesegneten Eingang in Gottes ewiges Reich

> *Wir sind in die Welt gekommen,*
> *so wie ein Mensch in eine Vorhalle tritt,*
> *damit er später in das Haus treten kann.*
> *Dieses Leben ist die Vorhalle*
> *zum Palast des Himmels.*
> *Charles H. Spurgeon*

Als unsere Mutter älter wurde, machte sie sich öfter Gedanken über ihr Ende. Sie war zwar noch rüstig und vielseitig aktiv; und doch wünschte sie sich einen gesegneten Ausgang aus dieser vergänglichen Welt und einen gesegneten Eingang in Gottes ewiges Reich. Ich habe davon in meinem Buch »Reifwerden für Gottes neue Welt« geschrieben, wie Mutter ihren Jahren entsprechend reifer wurde und immer mehr neue Erkenntnisse dazu gewann. Sie zog bewusst nach und nach ihre seelischen Wurzeln aus dem vergänglichen Boden, mit dem sie ihr Leben lang verwachsen war, heraus und vertiefte sie dafür umso mehr in Gottes Heil. Wir Kinder haben durch diesen Reifungsprozess viel von ihr gelernt. In aufrichtiger Reue hat sie Gott für alle Verfehlungen um Vergebung gebeten und ihr Leben vor Gott geordnet.

Gegen ihr Lebensende zu erkrankte sie hoffnungslos an einem Knochenkrebs. Der Arzt mutete ihr wegen ihres hohen Alters eine Chemotherapie nicht mehr zu. Doch sie musste zeitweise Schmerzen erleiden.

In solchen leidvollen Stunden sagt sie öfter zu mir: »Erzähle mir vom Himmel, dass ich meine Krankheit aushalten kann!« Ich nehme dann immer ihre Bibel zur Hand und suche die Stellen, die vom Himmel berichten. Mit Staunen sehe ich, dass sie diese schon alle angestrichen hat. So beginne ich:

»Im Himmel gibt es keine Traurigkeit, keine Klage und Quälerei. Keine Trennung mehr und keinen Verlust! Auch keine Krankheit und keine Schmerzen! Alle Himmelsbewohner sind jung und gesund! Sünde und Tod werden nicht mehr sein, sondern es herrscht beglückender Friede und ewiges Leben bei Gott! Und stell dir vor, Mutter: Gott selbst wird väterlich unsere letzten Tränen abwischen und uns trösten! (Offenbarung 21,4).

Wir werden Freude über Freude erleben: Wenn schon jetzt Freude über einen Sünder, der Buße tut, im Himmel ist, wie viel mehr wird Freude sein, wenn er oder sie nun als Gottes Kind in den Himmel einzieht! Welch ein glückseliger Empfang und ein Wiedersehen mit unseren Lieben, die schon im Himmel sind!«

»Einem möchte ich zu allererst danken!«, wirft Mutter ein, »weil er uns den Himmel aufgeschlossen hat!« – »Ich weiß, es ist Jesus!«, fahre ich fort, »du wirst ihn sehen (1. Petrus 1,8-9). An seinen Wundmalen erkennst du ihn. Voller Liebe schließt er dich in seine Arme, weil du so treu an ihm hängst. Er hat gebetet (Johannes 17,24): ›Vater, ich will, dass wo ich bin, auch die bei mir seien, die du mir gegeben hast, damit sie meine Herrlichkeit sehen!‹«

Mutter seufzt: »Dann bin ich endlich am Ziel!«

»Es ist nicht das Ende, sondern der Anfang von einem völlig neuen Leben!«, denke ich laut. »Wir sind nicht nur Gottes Kinder, sondern auch seine Erben. Alles, alles, was dem Sohn gehört, das teilt er mit uns, seinen Geschwistern!« – »Aber wie kann ich sicher sein, dass ich es erleben werde?«, fragt Mutter. »Du hast schon ein Pfand in der Hand«, antworte ich, »nämlich seinen Heiligen Geist! Du hast ihn bei der Wiedergeburt erhalten. Er ist sozusagen die erste Anzahlung. Die volle Auszahlung bekommst du bald als Teilhaberin der himmlischen Welt.« (Römer 8,16-17; Galater 4,6-7 u. a.)

»Du hast den Höhepunkt vergessen: die Hochzeit des Lammes!«, bringt Mutter ein. »Ja, die ewige Verbindung unseres Herrn mit seiner Brautgemeinde!«, bestätige ich ihr. »Es ist unvorstellbar: Was kein Auge je gesehen hat, was kein Ohr je gehört hat, was kein Mensch sich in seiner kühnsten Phantasie ausdenken kann, das hat Gott denen bereitet, die ihn über alles lieben!«

»Ja, jubeln und feiern!« Auf Mutters Gesicht liegt schon ein himmlischer Glanz. Dann fragt sie in ihrer alten Aktivität: »Keine Arbeit mehr?« – »Aber sicher!«, meine ich, »da ist Wichtiges zu tun: nämlich mit Jesus zu regieren und Verantwortung zu übernehmen. Und wenn es am Strom des Lebens zwölfmal Früchte gibt, müssen sie auch zwölfmal geerntet werden! Aber Unkraut und Schädlinge und Rückenschmerzen gibt es nicht mehr!« (Offenbarung 5,10; 22,2)

»Das ist gut!«, sagt Mutter, »nun kann ich mich auf den Himmel freuen! Hoffentlich ist es bald so weit!«

Ich verspreche ihr: »Du wirst einen gesegneten Eingang in Gottes Herrlichkeit erleben!«

Nur eine kurze Zeit, dann ist's gewonnen,
Dann ist der ganze Streit in Nichts zerronnen.
Dann darf ich laben mich an Lebensbächen
und ewig, ewiglich mit Jesus sprechen.
Adolf Broson

31. Wir segnen Trauernde

In meiner schlimmsten Trauerzeit meinte ich, Gott hätte mich aus dem Bereich seiner Güte verstoßen. Ich fühlte mich von Gott und aller Welt verlassen, weil der eine mich verlassen hatte.

Darum sollten wir darauf achten, ob es eine Gelegenheit gibt, trauernden Menschen zu sagen: »Du kannst jetzt Gottes Handeln nicht verstehen – und doch liebt er dich und segnet dich! Darf ich dich in seinem Auftrag segnen?« Bei Einverständnis können wir den Aaronitischen oder den trinitarischen Segen sprechen und sollten sie deshalb auswendig lernen. Diese Segen erinnern Trauernde an Gottesdienste in glücklichen Zeiten. Wenn sie dann weinen, lassen wir die Tränen fließen. Sie sind eine Gabe des Schöpfers und können Bitteres ausschwemmen.

Bei jeder Beerdigung werden alle Trauernden mit Gottes Trost gesegnet. Er verspricht ihnen sein Nahesein. Wenn sie darauf achten, können sie Gottes Nähe merken. Er leidet mit ihnen. Er versteht sie. Er wird sie wieder aufrichten. »Selig sind, die Leid tragen; denn sie sollen getröstet werden!«, sagt Jesus (Matthäus 5,4). (Vgl. mein Buch »Gott tröstet«, R. Brockhaus Verlag Wuppertal.)

Zur Besinnung

Wodurch bin ich getröstet worden, als ich Trauer und Verlust erlebte?

Kann ich solchen Trost an eine trauernde Person weitergeben?

Wie kann ich für sie vielleicht ein Segen sein?

32. Wir segnen Reuige

Wenn Menschen einsehen, dass sie schuldig geworden sind, lösen sie im Himmel eine Freudenwelle aus – als warte der dreieinige Gott und die ganze Engelwelt darauf, dass ein Mensch sagt: »Es tut mir aufrichtig Leid! Ich habe gesündigt in Gedanken, Worten und Werken: Ich war lieblos und egoistisch gegen meine Nächsten, misstrauisch gegen Gott ...«

Der Himmel erfährt unsere Reue zur gleichen Zeit, wenn wir denken und aussprechen: »Vergib mir!« Jesus erzählt in Lukas 15 von dem Schäfer, der ein verirrtes Schaf wieder gefunden hatte und sich laut darüber freute. »Ich sage euch«, spricht Jesus, »genauso ist bei Gott im Himmel mehr Freude über einen Sünder, der bereut und ein neues Leben anfängt, als über neunundneunzig andere, die das nicht nötig zu haben glauben!«

Und als Gottes Mitarbeiter/innen dürfen wir diese himmlische Freude durch Absolution und Segen an reuige Menschen weitergeben. Wie geht das vor sich?

Wir begegnen einer Person, von der wir den Eindruck haben, dass sie etwas bereut. Sie ist bedrückt, belastet, schläft schlecht und beschuldigt andere, aber auch sich selbst. Vielleicht können wir in einem seelsorgerlichen Gespräch auf den Kern der Sache kommen. Dann kommt die Frage: »Tut dir das Leid?« – »Ja!« – »Dann sage ich dir im Auftrag Gottes: ›Gott vergibt dir und denkt nie mehr daran! Er freut sich über deine Reue und segnet dich!‹« Das löst Erleichterung aus und fördert Dankbarkeit und Liebe zu Gott.

Nicht nur der Priester, auch wir mit einer priesterlichen Berufung dürfen und sollen die Absolution laut aussprechen: »Es ist alles vergeben; deine Schuld hat Jesus am Kreuz bezahlt! Er segnet dich jetzt mit seiner neuen, liebevollen Zuwendung und freut sich an dir!« Ich bin daraufhin schon vor Freude umarmt worden. Gott will nicht, dass wir uns bis ans Grab als Schuldbeladene fühlen, obgleich Jesus Christus schon längst unsere Schuld weggetragen hat.

Die göttliche Vergebung ist der tiefste Segen, den er für Reuige in diese Welt hineinfließen lässt. Ich nenne ihn: Kreuzsegen. Er dringt in die untersten Tiefen unseres Menschseins ein, richtet uns neu aus und schafft neues Leben, wo vorher Wüste war. Wenn wir treuer und aufmerksamer diesen Kreuzsegen weitergäben, gäbe es unter uns weniger Bedrückte und Schuldbelastete, viel weniger Depressive und Kranke.

33. Der Reisesegen

In Abschiedssituationen müssen wir Vertrautes verlassen und können oft nicht voraussehen, was auf uns zukommt. Vielleicht steigt leise die Furcht vor Unbekanntem in uns auf. Da kann uns ein Reisesegen, der uns zugesprochen oder für uns erbeten wurde, zuversichtlich machen.

Meine Freundin Gudrun Harder, die Mennonitin ist, erzählte mir: »Wir hatten in unserer Gemeinde fünf junge amerikanische Frauen zu Besuch. Sie übernahmen für drei Monate verschiedene Dienste. Zum Abschied lud ich sie zum Essen ein und ließ mir erzählen, wie sie ihre Zeit in Deutschland erlebt haben. Danach beteten wir zusammen. Dabei segnete ich im Gebet die Gruppe für die Flugreise und für ihr weiteres Leben. Als ich Amen gesagt hatte, legte die Leiterin, die neben mir saß, ihre Hand auf meinen Arm und segnete auch mich. Ich freute mich darüber und dachte: Der Segen fließt über, und ein Teil kommt wieder zu mir zurück!«

Auch für Autofahrten brauchen wir einen Reisesegen. Mir wurde schon vor der Abfahrt zugesungen: »Send' deine Engel mit! Send' deine Engel mit, Vater im Himmel, wir bitten dich!«

Wenn ich mit meinem Auto eine Reise antrete, singe ich meistens: »Segne mich, o Herr, lass leuchten dein Angesicht über mir und sei mir gnädig ewiglich! Behüte mich, o Herr, lass leuchten dein Angesicht über mir und sei mir gnädig ewiglich!« Das nimmt mir die Furcht vor langen Staus und vor Unfall.

Ich erinnere mich, dass ich am Ende einer Freizeit, wo ich frohe Gemeinschaft erlebte, vor dem Nachhausekommen Angst hatte. Ich fürchtete mich vor den Problemen, die auf mich zukommen würden. Da gab uns der alte, gehörlose Karl Busch einen Reisesegen mit auf den Weg. Er sprach genau das aus, was mich ermutigte; denn er konnte nicht auf Menschen hören, sondern nur auf Gottes Anweisung. Zum Abschied sagten wir zueinander: »G. t. W.!« Nur die Freizeitteilnehmer wussten, was diese Abkürzung bedeutet: Geh tapfer weiter! Gott tut Wunder! Auch das ist ein Segen, den wir einander zum Abschied gaben. Seither ist »G. t. W.« ein Mutmacher beim Abschiednehmen geworden.

Auch wenn wir wegziehen oder den Arbeitsplatz wechseln, dürfen wir jemanden bitten, uns für Abschied und Neuanfang zu segnen:

Gottes Schutz umhüllt dich,
seine Hand ist ausgestreckt
und zeigt dir den Weg.
Weil du zu ihm gehörst,
hat er alles schon vorbereitet,
was du antreffen wirst.
Er heißt Immanuel – Gott mit uns!
Und er ist auch mit dir!

34. Segen bei einer Einführung oder Aussendung

Wenn Pfarrer/innen eingeführt oder Missionare/innen ausgesandt werden, geschieht das in einem besonderen Festgottesdienst: Sie werden begrüßt und feierlich, sogar von mehreren, gesegnet; es singt der Chor; anschließend ist ein Empfang.

Wie aber sieht es aus, wenn Ehrenamtliche einen Dienst beginnen oder beenden? Wenigstens werden die Kirchenvorsteher/innen für ihr Amt gesegnet oder bei der Verabschiedung wird ihnen gedankt. Wie aber ist es bei den Hauskreis- und Frauenkreisleiter/innen, bei den Mitarbeiter/innen im Besuchsdienst, bei den Austräger/innen des Gemeindebriefes, bei den Leiter/innen der Senioren-, Jugend- und Kindergruppen, bei den Bezirksfrauen, bei den Kirchendienerinnen, bei dem Fahrer von alten Gemeindegliedern und vielen anderen?

Sie alle opfern ihre Freizeit trotz ihres Berufs und ihrer vielen Arbeit, sie verbrauchen für die Gemeinde über Jahre oder Jahrzehnte ihre Lebenskraft und Nerven, sie bringen ihre Ideen und ihr Herzblut ein. Oft sind sie sogar den Gemeindegliedern unbekannt und werden kaum geehrt – höchstens kritisiert. Wer betet für sie? Warum werden sie und ihre Arbeit nicht im Gottesdienst vorgestellt und gesegnet? Von einem ernst zu nehmenden »Priestertum aller Gläubigen« sind wir noch weit entfernt!

Doch von ihrer mennonitischen Freikirche erzählte mir meine Freundin Gudrun Harder: »Lange bevor unsere Sommerfreizeiten beginnen, melden sich Gemeindeglieder, die nicht mitfahren können, als ›Freizeitpaten‹. Sie beten für eine ganz bestimmte Freizeit, für die Vorbereitungen, für die Leiter und Teilnehmer und segnen alle fürbittend. Kurz vor den Ferien kommen die Freizeitleiter/innen und ihre Paten im Gottesdienst nach vorne, berichten über ihr Vorhaben und werden einzeln dafür von den Ältesten der Gemeinde gesegnet. Auch während der Freizeit haben die Paten telefonischen Kontakt mit ›ihrer‹ Freizeit und können so für auftretende Probleme gezielt beten. Natürlich wird der Gemeinde nach den Ferien auch berichtet, wie die Freizeiten verlaufen sind und gemeinsam Gott gedankt.«

35. Segen vor Prüfungen

Wer kennt sie nicht: die Spannung vor Prüfungen, die Angst, zu versagen, die Nervosität trotz aller Entspannungsübungen? Da können wirklich Fürbitte und Segnung helfen und den Prüfling innerlich ruhig machen.

Eine Mutter erzählte mir:

»Als unsere Tochter Antonia vor dem Physikum stand, wurden sogar wir Eltern nervös; denn vom Bestehen dieser schweren Prüfung hing ihr Weiterstudium ab. Unglücklicherweise hörten wir auch noch, wie manche Prüfer ihre Prüflinge schikanieren und durchfallen lassen. Da fingen wir an, treu für Antonia zu beten und ihre Prüfer zu segnen. Sie lernte sehr fleißig und gewissenhaft, wurde aber dabei immer blasser.

Endlich bricht der Prüfungstag an. Antonia verlässt ihre Studentenwohnung und schnuppert in die Luft. ›Oh, es riecht ja nach Adelboden!‹, empfindet sie überrascht, und ein Glücksgefühl durchströmt sie; denn die jährlichen Ferien in den Schweizer Bergen waren das Paradies ihrer Kindheit. Mit Adelboden verbinden sie glückliche Erinnerungen. Alle Bangigkeit ist verflogen. So geht sie zuversichtlich in das Prüfungsgebäude hinein. Als sie vor den prüfenden Professoren sitzt, spricht sie einer mit schweizerischem Zungenschlag an. Wieder beginnt in ihr die Saite der glücklichen Ferientage in Adelboden zu schwingen. Erfreut schaut sie ihren Prüfer an – und o Wunder – er stellt ihr nur Fragen, die sie alle bestens beantworten kann!

Sie hat das Physikum mit ›1‹ bestanden«, erzählte mir Antonias Mutter, »und wir haben Gott gedankt, dass er unser betendes Segnen erhört hat.« – »Mit welchen Worten habt ihr

sie und den Prüfer gesegnet?«, fragte ich. Sie antwortete:
»Etwa so:

> Es segne dich unser himmlischer Vater!
> Er gebe dir für die Prüfungsaufgaben
> die richtigen Gedanken
> und die innere Ruhe, sie zu formulieren!
> Wir segnen auch im Namen Jesu die Prüfer,
> dass sie auf unsere Tochter eingehen
> und positive Gedanken haben.
> Vater, lass Antonia spüren, dass du an ihrer Seite bist!
> Amen.«

36. Segen für den Berufsbeginn und für den Ruhestand

In einigen Familien und in manchen Freundeskreisen gibt es
für den Berufsbeginn und ersten Arbeitstag Glückwünsche,
Sekt und symbolische Geschenke, die zum erwählten Beruf
eine Beziehung haben. Viele Berufsanfänger verlassen sich
allein auf ihre eigene Kraft und Tüchtigkeit. Andere wieder
möchten nicht ohne Gottes Segen in den neuen Lebensabschnitt gehen. Vielleicht denken sie an das alte Sprichwort:
»An Gottes Segen ist alles gelegen!« Am liebsten würden sie
einige Christen bitten, sie zu segnen. Doch es ist unüblich.
Darum wissen sie nicht, wie sie dieses Unterfangen anpacken
sollen. In Gemeinden, die Segnungsgottesdienste anbieten,
ist das kein großes Problem. Doch wo sind Christen, die fra-

gen: »Darf ich für deinen Berufsanfang beten, dass Gott dich segnet?« Wer hat die Sicht für die Notwendigkeit und den Mut für diese Frage?

Als ich mich vom Pfarrdienst in den Ruhestand verabschiedete – ich wurde nun ehrenamtliche Reisereferentin bei »Frühstückstreffen für Frauen« –, schenkte mir mein Frauenkreis einen »Goldnen Wanderstab«. Sie überreichten mir diesen »vergoldeten« Spazierstock mit einem Blumenstrauß daran. Dazu sangen sie: »Einen goldnen Wanderstab ich in meinen Händen hab ...« Ich freute mich über dieses symbolische Geschenk, weil ich merkte, dass sie nun meinen Entschluss akzeptierten. Es kam mir wie ein Reisesegen vor.

In einer Hausgemeinde erhielt der neugebackene Ruheständler gleich drei symbolische Geschenke: Brot, Wasser und ein Licht mit den Worten:

»Wir schenken dir Brot, das du nun nicht mehr im Schweiße deines Angesichts verdienen musst. Es möge dir für den neuen Lebensabschnitt Kraft geben und an das ›Brot des Lebens‹ erinnern. Wir segnen dich, dass du jetzt lernst, Zeit zu haben für Dinge, die du früher gern getan hättest, aber nicht tun konntest.

Wir überreichen dir diesen Krug mit Wasser. Es möge dich erfrischen und dir Mut geben, den Leerlauf zu füllen. Wir segnen dich, dass Jesus, das Wasser des Lebens, dich im Ruhestand neu belebt.

Wir schenken dir dieses windgeschützte Licht. Es soll dir in dunklen Stunden leuchten und dich an Jesus, das Licht der Welt, erinnern. Wir bitten dich, dein Licht nicht unter den Scheffel zu stellen, sondern es jetzt im Ruhestand weiter in unserer Gemeinde leuchten zu lassen.

Wir segnen dich im Namen des Vaters und des Sohnes und des Heiligen Geistes. Amen.«

37. Ein ungeborenes Kind und seine Mutter segnen

Wenn wir mit offenen Augen durch unsere Gemeinde gehen, erkennen wir noch viel mehr Anlässe zum Segnen.

In einer lebendigen mennonitischen Gemeinde lebt eine junge Frau namens Anna, die aus Südamerika stammt. Sie hatte den Glauben ihrer Familie und ihrer Gemeinde angenommen, aber es fehlte ihr noch eine persönliche Beziehung zu Jesus Christus und ein innerer Halt. »Das war auch der Grund, dass ich schwanger wurde«, gab sie zu. Für eine Heirat fehlten die Voraussetzungen. Ihre Schwangerschaft blieb in der Gemeinde nicht verborgen und wurde ein Gesprächsthema. Für Anna und ihre Familie »brach die Welt zusammen«. Doch sofort übernahm ein Ehepaar die Patenschaft für die werdende Mutter und das ungeborene Kind.

Einige Wochen vor seiner Geburt hatte ein Kreis junger Frauen eine liebevolle Idee. In Amerika kennt man »Baby-Shower« für werdende Mütter. Eine junge Frau wird mit einem Gabentisch für ihr Kind und mit einer fröhlichen Feier überrascht. »Wir machen ›Baby-Shower‹ für Anna«, beschlossen die Frauen in ihrer Gemeinde. Sie kauften Babysachen, kochten ein südamerikanisches Essen und luden die ahnungslose Anna ein. Überrascht stand sie vor dem Gabentisch, auf welchem alle Dinge ausgebreitet waren, die ein Baby braucht; nichts fehlte, weder der Schnuller noch das Ausfahrjäckchen. Nach dem Essen wurde Anna in der Mitte des Kreises ein Stuhl angeboten. Sie setzte sich darauf. Die 10 Frauen standen um sie herum. Jede brachte eine spezielle Fürbitte vor Gott und segnete Anna und das ungeborene Kind. Eine betete für seine glückliche Geburt, eine andere für die Tage auf der Entbindungsstation, die nächste für die Zeit danach, wieder eine für ein gutes Gedeihen des Babys. An alles wurde gedacht. Anna fühlte sich und ihr Kleines in diesem Kreis angenommen und geborgen. Sie hatte keine Angst mehr vor der Geburt und der Verantwortung für ihr Kind.

Inzwischen ist das kleine Mädchen geboren und ein richtiges »Gemeindekind« geworden. Bei jedem Gottesdienst ist es dabei, und alle nehmen Anteil an seiner Entwicklung. Die liebevolle Unterstützung der Gemeinde hat Annas Glauben gefestigt und aus ihr ein dankbares Gotteskind gemacht.

38. Die Feinde segnen

Eigentlich haben wir keine Feinde. Oder? Wir sind mit Franzosen befreundet, wir lernen die englische Sprache und schätzen die Engländer. Die USA sind für uns das vielseitigste Urlaubsland. Mit russischen Orten haben wir Städtepartnerschaften und laden Tschernobyl-Kinder ein. Wir haben keine Feinde mehr, die uns totschießen oder bombardieren. Gott sei Dank!

Aber wir haben einzelne Leute um uns, die uns nichts Gutes gönnen, die sich sogar freuen, wenn es uns schlecht geht, die uns verleumden und uns hinter unserem Rücken Schlechtes nachsagen. Sie ärgern sich über uns und grüßen nicht, indem sie uns absichtlich übersehen. Vielleicht haben sie uns gegenüber Minderwertigkeitskomplexe, sind neidisch? Jedenfalls denken sie negativ über uns und äußern es auch in irgendeiner Form.

Wie sollen wir uns ihnen gegenüber verhalten? Statt Vergebungskraft empfinden wir eine tiefe, eiternde Verletzung.

Jesus befiehlt: »Segnet, die euch fluchen!« (Matthäus 5,24). Und Paulus schreibt: »Segnet und fluchet nicht!« (Römer 12,14). Was? Diese Person segnen, die mich so schlecht gemacht hat? Diesen Kerl segnen, der mich so gedemütigt und vor anderen blamiert hat? Meine Schwiegermutter segnen, die mich im Grunde ablehnt? Das kann ich nicht!

Ich vergesse nie, was die Holländerin Corrie ten Boom in einem Vortrag berichtete. In der Hitlerzeit hatten sie, ihr Vater und ihre Schwester Betsie jüdische Menschen versteckt. Sie wurden angezeigt und in das KZ Ravensbrück abtransportiert. Vater und Schwester überlebten es nicht. Auch Corrie hatte dort Quälereien und brutale Gewalt erlitten. Endlich kam die Befreiung.

Corrie schwor, nie mehr nach Deutschland zu gehen. Aber Gott sagte zu ihr: »Ich sende dich als meine Botschafterin des Friedens und der Vergebung nach Deutschland!« Sie gehorchte.

Mit ihrem holländischen Akzent predigte sie – ich werde es nie vergessen, wie ihre Botschaft sich über alle Hörer ausbreitete und in die Herzen eindrang. Sie sagte: »Wenn wir unsere Sünden bekennen, dann wirft Gott sie in die Tiefe des Meeres, und zwar endgültig. Wenn ich auch in der Bibel keinen Anhaltspunkt dafür finde, glaube ich doch, dass Gott dort eine Boje hinsetzt, auf der steht: ›Fischen verboten!‹«

Nach einer solchen Predigt in München segnete sie alle Zuhörer, darunter einen, den sie plötzlich wieder erkannte. Ihr stockte der Atem. Es war ein früherer Wärter aus dem KZ Ravensbrück. Sie schreibt darüber:

»Da sah ich ihn, wie er sich gegen den Strom der anderen zu mir durcharbeitete. Ich sah seinen Mantel und den braunen

Hut, und im nächsten Augenblick eine blaue Uniform und ein Käppi mit dem Totenkopf und den gekreuzten Knochen. Da stand ich wieder in dem großen Raum mit dem schmerzend hellen Licht; dem Haufen von Kleidern und Schuhen in der Mitte des Raumes. Diese Scham, nackt an diesem Mann vorbeigehen zu müssen! Ich sah vor mir die gebrechliche Gestalt meiner Schwester. Das war in Ravensbrück, und der Mann, der Mühe hatte, zu mir durchzudringen, war dort Wärter gewesen. Einer der grausamsten Wärter im Lager.

Nun stand er vor mir mit ausgestreckter Hand. ›Eine gute Botschaft, Fräulein!‹, sagte er. ›Wie gut ist es doch, dass, wie Sie sagen, alle unsere Sünden auf dem Grund des Meeres liegen!‹

Und ich, die so eindrücklich über Vergebung gesprochen hatte, machte mir an meinen Notizen zu schaffen, um seine Hand nicht nehmen zu müssen. Er würde sich an mich nicht erinnern, natürlich nicht; wie hätte er sich an eine der Frauen unter den Tausenden erinnern können?

Aber ich erinnerte mich an ihn und an die Lederpeitsche, die an seinem Gürtel steckte. Ich stand vor meinem Peiniger, vor meinem Sklavenhalter. Mein Blut gefror.

›Sie erwähnten Ravensbrück in Ihrer Predigt. Ich war Wärter dort‹, sagte er. Nein, er erkannte mich nicht. ›Aber das ist vorbei‹, fuhr er fort. ›Ich bin Christ geworden. Ich weiß, dass Gott mir alle Grausamkeiten, die ich dort getan habe, vergeben hat. Aber ich möchte es auch noch aus Ihrem Mund hören, Fräulein!‹ – wieder streckte er mir seine Hand entgegen –, können Sie mir vergeben?‹

Da stand ich nun – ich, der Sünden wieder und wieder vergeben wurden – und ich konnte es nicht! Betsie war dort gestorben! Konnte er ihren langsamen, schrecklichen Tod ausradieren – einfach mit dieser Bitte?

Es können nur ein paar Sekunden gewesen sein, dass er dastand mit seiner ausgestreckten Hand, aber für mich waren es Stunden; denn ich musste mit der schwierigsten Sache fertig werden, mit der ich es je zu tun hatte.

Doch ich musste es tun. Ich wusste das. Die Botschaft von der Vergebung Gottes hat eine entscheidende Voraussetzung: Dass wir denen vergeben, die an uns schuldig geworden sind. ›Wenn ihr den Menschen ihre Übertretungen nicht vergebt‹, sagt Jesus, ›wird auch der Vater im Himmel euch eure Übertretungen nicht vergeben ...‹

Das wusste ich – nicht nur als Gebot, sondern aus täglicher Erfahrung. Seit dem Ende des Krieges unterhielt ich in Bloemendaal das Heim für Opfer des Naziregimes. Gerade dort konnte ich es mit Händen greifen: Nur die, die ihren früheren Feinden vergeben konnten, waren in der Lage zurückzufinden und neu anzufangen, ganz gleich, in welchem körperlichen Zustand sie sich befanden. Wer seine Bitterkeit pflegte, blieb Invalide! Das war ebenso einfach wie schrecklich.

Und ich stand da mit meinem kalten Herzen. Aber Vergebung ist kein Gefühl – das wusste ich auch. Vergebung ist ein Akt des Willens, und der Wille kann ohne Rücksicht auf die Temperatur des Herzens handeln.

›Jesus, hilf mir‹, betete ich leise. ›Ich kann meine Hand heben. Das wenigstens kann ich tun. Das Gefühl musst du dazu geben!‹

Hölzern, mechanisch legte ich meine Hand in die ausgestreckte Hand des Mannes. Als ich es tat, geschah etwas Unglaubliches: Die Bewegung entstand in meiner Schulter, sie strömte in meinen Arm und sprang in die umschlossene Hand. Und dann schien diese heilende Wärme mein ganzes Sein zu durchfluten. Tränen kamen mir in die Augen.

›Ich vergebe dir, Bruder‹, weinte ich, ›von ganzem Herzen!‹

Einen langen Augenblick lang hielten wir uns die Hände, der frühere Wärter und die frühere Gefangene. Ich hatte Gottes Liebe noch nie so intensiv erlebt wie in diesem Augenblick. Aber mir war klar, dass es nicht meine Liebe war. Es war die Kraft des Heiligen Geistes, von dem es in Römer 5, Vers 5 heißt: ›... weil die Liebe Gottes ausgegossen ist in unsere Herzen durch den Heiligen Geist, der uns gegeben ist.‹«

(Vgl. dazu Hannelore Risch, »Vergeben hilft leben«, Hänssler Verlag und Corrie ten Boom, »Mit Gott durch Dick und Dünn, R. Brockhaus Verlag.)

Gebet

Weil du mich liebst, Herr, kann ich lieben.
Du bist es, der mir alles gibt.
Weil du vergibst, kann ich vergeben,
denn du hast mich zuerst geliebt. Amen.

39. Segnen wirkt über Tausende von Kilometern

Pia schreibt:
»Birgit lebte seit ihrem 13. Jahr in unserer Familienwohngruppe. Wir hatten Höhen und Tiefen miteinander durchgemacht. Dadurch war unsere Beziehung vertrauensvoll und stabil geworden. Oft kam sie zu mir, nahm mich in den Arm und holte sich die Zuwendung, die ihr die Jahre zuvor gefehlt hatte. Sie lernte, über ihre Gefühle zu reden, und ihre

bedrückende Vergangenheit schien nicht mehr wie eine Wand zwischen ihr und dem Leben zu stehen. Ja, sie hatte sogar ihre ersten Kontakte mit Gott gemacht und suchte nun auch Anschluss zu anderen jungen Christen.

Als sie mit 16 Jahren Dennis kennen lernte, ließ sie diese Kontakte wieder schleifen. Die Zuwendung des Jungen schien ihr fortan alles zu bedeuten. Auch er hatte eine schwierige Kindheit hinter sich. Er war schon früh auf eigene Füße gestellt worden und kämpfte trotzig gegen die Erwachsenenwelt.

Für Birgit wurde nun die Schule zunehmend unwichtig. Mit Mühe schaffte sie gerade noch die Mittlere Reife. Wir machten dann gemeinsam mit ihr Pläne für ihren weiteren Werdegang. Schließlich entschied sie sich, das Berufskollegium zu besuchen. Ich lud sie am Sommerferienbeginn zum Italiener ein. In gelöster Atmosphäre erzählte sie mir viele Einzelheiten ihrer Beziehung zu Dennis und welche Bedeutung er für sie habe; sie wolle sich aber noch nicht zu fest an ihn binden, ihre eigene berufliche Entwicklung sei doch wichtiger. Darum wolle sie das kommende Schuljahr noch bei uns wohnen.

Jedoch drei Wochen später verkündete sie uns aus heiterem Himmel: ›Ich habe mich entschlossen, zu Dennis zu ziehen!‹

Wir setzten uns gemeinsam mit dem Jugendamt zu einem Gespräch zusammen und erörterten das Für und Wider. Birgit sagte: ›Gemeinsam mit ihm werde ich alles meistern!‹ Sie packte ihre Sachen zusammen und zog innerhalb weniger Tage zu Dennis.

Das gab mir einen Stich. Einige Wochen später kam Manuela, die auch bei uns wohnte, aufgeregt vom Schulbus nach Hause. Sie erzählte: ›Ich habe Birgit im Bus getroffen. Sie hat mir gesagt: ›Euer Betreuerehepaar ist ja nur auf das Geld aus, das sie für die Betreuung bekommen! Denen sind die Mädchen völlig egal! Die kriegen doch für jedes Kind ein paar tausend Mark! Das ist auch der Grund, weswegen sie mich nicht zu meinem Freund ziehen lassen wollten!‹

Ich war tief bestürzt. War das wirklich alles, was ihr von den Jahren bei uns geblieben war? Wie oft hatte ich spät abends an ihrem Bett gesessen, und sie hatte in meinen Armen die Schmerzen ihrer Kindheit herausgeweint! Wie oft hatte sie sich meiner Zuneigung versichert und geäußert, wie froh sie war, zu uns gekommen zu sein! Über Jahre hatte sie erlebt, dass wir auf ein privates Familienleben verzichteten, um unser Leben mit fremden Kindern zu teilen. Für das große Haus müssen wir Miete zahlen; denn unser Gehalt reicht nicht, um ein eigenes zu kaufen.

Einige Wochen später tauchte Birgit bei uns auf, stapfte durch das ganze Haus und forderte lautstark einige Dinge, die sie vergessen habe.

Mehrere Monate lang hörten wir nichts mehr von ihr. Da sah ich sie zufällig im Supermarkt. Sie drehte demonstrativ den Kopf in eine andere Richtung und ging mir aus den Augen.

Ein Jahr später saß ich im Tagungsraum eines Hotels am Toten Meer. Diese ›Erholungsreise für Frauen‹ war genau das, was ich dringend nötig gehabt hatte. Nach den ersten Tagen mit viel Schlaf, Sonnenbaden und ›Schweben‹ im Salzwasser, hörte ich nun im Kreis meiner Reisegenossinnen einen Vortrag zum Thema ›Gesegnet, um zu segnen‹. Hannelore Risch erläuterte uns die Bedeutung dieses Schrittes an einigen Beispielen. Sie regte uns an, eine segnende Haltung anzustreben.

In meinem Kopf kreiste es: Menschen segnen, die einem Böses nachsagen? Da dachte ich an Birgit. Ich beschloss, mich von dem Ballast dieser bitteren Erfahrungen zu befreien und bat Gott um Vergebung für meinen Groll auf Birgit. Dann segnete ich sie. Sofort spürte ich Erleichterung.

Nur wenige Wochen nach diesem Urlaub stand Birgit mir plötzlich wieder im Supermarkt gegenüber. Doch diesmal wich sie mir nicht aus. Sie kam mit einem schüchternen Lächeln auf mich zu und sprach mich an. Wir unterhielten uns eine Weile. Da lud sie mich spontan zu ihrem Geburtstag ein. Etwas in ihr hatte sich verändert, und ich dankte Gott dafür. Der Segen, den ich in Israel ausgesprochen hatte, der hat nun über dreitausend Kilometer Entfernung seine Wirkung gezeigt.

Heute habe ich zu Birgit ein entspanntes Verhältnis. Inzwischen haben wir auch miteinander über ihren Weggang von uns gesprochen. Dabei hat sie einige Fehler eingeräumt. Als sie mir vor wenigen Wochen von ihrer geplanten Hochzeit erzählte, erwähnte sie in einem Nebensatz, dass zum Gelingen einer Beziehung ja auch die Hilfe von ›dem da oben‹ notwendig sei. Gott segne sie weiterhin!«

> *Du bist ein Geist der Liebe,*
> *ein Freund der Freundlichkeit,*
> *willst nicht, dass uns betrübe,*
> *Zorn, Zank, Hass, Neid und Streit.*
> *Der Feindschaft bist du feind,*
> *willst, dass durch Liebesflammen*
> *sich wieder tun zusammen,*
> *die voller Zwietracht sind.*
>
> Paul Gerhardt

40. Segnen schlichtet Streit

Friedrich Dittmer und seine Frau Annette waren bis vor kurzem Missionare in Peru. Sie arbeiteten im Auftrag der SIM (Schweizer Indianermission, Deutscher Zweig) unter den Candoshi, einem Indianerstamm im nordöstlichen Tiefland. Die Candoshi waren früher ein äußerst aggressives Volk, was ihnen bis heute noch im Blut liegt. Bis vor wenigen Jahrzehnten waren sie Kopfjäger. Spannungen innerhalb des Stammes werden leider immer noch mit Todesdrohungen und Mord ausgetragen. Erbarmungslos bringen sich gegenseitig ganze Sippen um, wenn der Schamane oder die angeblich geschädigte Familie herausgefunden haben, wer an irgendeinem Übel schuld sei oder jemandem einen Schaden zugefügt habe.

Missionar Dittmer erzählt:

»Bei den Candoshi ist es nicht selten, dass junge Männer ältere Frauen heiraten. Ein solcher junger Mann gab seine Frau wieder in ihre Familie zurück und sagte dem Schwager: ›Ich will deine Schwester nicht mehr. Sie ist mir zu alt. Nehmt sie wieder mitsamt dem Kind!‹ Es gab eine lange Diskussion. Die Verwandten der Frau fühlten sich zutiefst gekränkt. So eine Schande! Aber der Ehemann ließ sich nicht mehr umstimmen. Deshalb drohte der Schwager: ›Lass dich nie mehr hier sehen, sonst ...!‹

Aber nach einigen Wochen merkte der Strohwitwer, dass ihm seine tüchtige Hausfrau in allem fehlte. So entschloss er sich, sie heimlich zu entführen. Sie folgte ihm gern, denn ohne Ehe ist eine Candoshifrau nicht glücklich.

Ihre Verwandten waren jetzt noch mehr aufgebracht und bis aufs Äußerste kampfbereit. ›Wir werden uns rächen!‹, schworen sie.

Doch in ihrer Freundschaft war ein Christ namens Yandari. Er sah zwischen den beiden Sippen ein schreckliches Blutbad nahen. Deshalb fühlte er den Auftrag, diesen Streit zu schlichten. Aber wie? Zuerst betete er mit anderen Christen, besprach sich mit den Missionaren und segnete die beiden Parteien. Dann stieg er in sein Kanu und paddelte den Chapurifluss hinauf. Er wusste nur zu gut, dass es für ihn gefährlich werden konnte; denn er kannte seinen Stamm. Darum betete er inständig und blieb am Segnen, während er das Paddel ins Wasser stieß.

Gott schenkte seinem Friedensboten Weisheit. Er hörte sich ruhig das Problem an und stellte dann den Verwandten der Frau nur eine einzige Frage: ›Was empfiehlt Gottes Wort in solchen Fällen?‹ Die Gefragten waren keine Christen. Trotzdem wussten sie ungefähr, was Gott will. Aber sie lehnten den Vermittler ab; denn sie fühlten sich in ihrer Gewaltbereitschaft infrage gestellt. Unverrichteter Dinge bestieg Yandari wieder sein Kanu. Während er flussabwärts trieb, hatte er genug Zeit, die Rachsüchtigen zu umbeten.

Inzwischen putschten sich die männlichen Verwandten gegenseitig auf und machten sich noch in der Nacht auf den Weg zu dem gehassten Schwager. Sie suchten ihn bis zum Morgengrauen, fanden aber weder ihn noch Frau und Kind. Den einzigen, den sie antrafen, war der Vater ihres Schwagers.

Und jetzt geschah das unglaubliche Wunder: Es kam zu keinem tödlichen Streit. Eigentlich hätten sie jetzt den Vater umbringen können. Vielmehr diskutierten sie friedlich mit ihm und einigten sich irgendwie. Sie waren kompromissbereit.

Auf dem Heimweg machten sie in dem Dorf Halt, wo gerade ein Bibelkurs lief, bei dem auch Yandari anwesend war. Zuerst stellten sie einige belanglose Fragen. Dann aber machten sie Andeutungen, dass das Gespräch mit dem Vater ohne

Blutvergießen verlaufen sei. So hat Jesus über den Racheteufel gesiegt, obwohl es den Beteiligten nicht bewusst war.

Durch die Treue eines Christen«, betonte Missionar Dittmer, »werden auch Leute gesegnet, die noch keine Christen sein wollen! Eines können die Candoshi viel besser verstehen als wir Menschen der westlichen Welt: Dass Jesus Christus stellvertretend für uns gestorben ist! Er ist einer von unserer Sippe geworden und hat den göttlichen Zorn besänftigt. Er hat unsere Schuld durch sein Sterben bezahlt, obwohl er nicht den geringsten Anteil an unserer Sünde hatte. Durch ihn ist die Todesspirale ein für alle Male unterbrochen! Diese Tatsache musste ich den Candoshi nie lange erklären. Sie verstanden sie sofort.

Viele von ihnen, die Christen wurden, sagten mir: ›Ich stelle mich jetzt unter einen stärkeren Schutz! Ich bin durch Jesus Christus vor Todesflüchen und bösen Geistern geschützt.‹«

»Habt ihr ihnen auch diakonisch geholfen?«, frage ich. »Natürlich«, antwortet er mir, »in unserem Zentrum haben wir sie in vielen Sparten geschult, wie in Hygiene, Gesundheitswesen, Handwerk, Viehhaltung, Brunnenbau und Landwirtschaft. Die Wycliff-Bibelübersetzer erstellten Lehrbücher, brachten ihnen Lesen und Schreiben bei und gründeten zweisprachige Schulen.

Unser biblisches Konzept ist nach wie vor das Gleiche: Indianer evangelisieren Indianer! Sie können es besser als wir; darum bilden wir indianische Frauen und Männer aus, die eine Berufung als Evangelisten oder Gemeindeleiter haben und unterstützen sie. Wir helfen den Christen, ihre geistlichen Gaben zu entdecken, und zeigen ihnen einen Platz in ihrer Gemeinde, wo sie diese ausüben können. Wir Missionare denken nicht im Entferntesten daran, Ämter auf uns selber zu häufen.

Für die Candoshichristen und alle Interessierten führen wir in ihrer Stammessprache in vielen verschiedenen Dörfern Bibelwochen durch, zu denen jeweils etwa 100 Indianer kommen. An unseren Bibelkursen, die vier Wochen dauern, nehmen oft rund 200 Candoshi teil. Gott hat Großes unter diesem ursprünglich aggressiven Stamm getan. Sein Geist der Liebe hat viele verändert und hat aus ihnen, so wie bei Yandari, Boten des Friedens gemacht. Sie sind für ihre Umgebung ein Segen.«

Bibelverse

Lukas 6,27-28: »Liebt eure Feinde! Tut denen Gutes, die euch hassen! Segnet die, die euch verfluchen und betet für alle, die euch schlecht behandeln!«, sagt Jesus Christus.

Römer 12,14: »Segnet, die euch verfolgen! Segnet und flucht nicht!«, schreibt Paulus an die Gemeinde in Rom.

1. Korinther 4,12: Wir segnen, wenn man uns verflucht. Wir ertragen es, wenn man uns verfolgt. Wenn man uns beschimpft, antworten wir mit freundlichen Worten.

1. Petrus 3,9: Vergeltet Böses nicht mit Bösem und gebt Beleidigungen nicht wieder zurück. Im Gegenteil: Segnet eure Beleidiger, so gewiss euch Gott dazu berufen hat, in der kommenden Welt die Fülle seines Segens zu empfangen!

Jakobus 3,10: Aus einem Munde kommt Loben und Fluchen! Das soll nicht so sein, liebe Geschwister! Lässt denn die Quelle aus einem Loch süßes und bitteres Wasser fließen? Nein! Eine salzige Quelle kann nicht süßes Wasser geben.

41. Menschen segnen,
   vor denen wir Angst haben

Mein Telefon läutet. Ich hebe ab und höre: »Hallo, Hannelore! Hier ist Imke!« – »Was? Du rufst am helllichten Tag von Schleswig-Holstein aus an?«, frage ich. »Ja!«, erzählt sie vergnügt, »ich habe Freiminuten getankt, und die schenke ich dir und mir. Ich habe nämlich etwas erlebt, das ich dir erzählen möchte:

Du weißt ja, wir haben einen mittelgroßen, landwirtschaftlichen Betrieb mit Tagelöhnern. Etwa alle 5 Jahre ist bei uns eine Lohnsteuerprüfung durch einen Finanzbeamten fällig. Jetzt hatte sich vor vier Wochen der Prüfer angemeldet. Unsere Steuerberaterin sagte: ›Wenn der kommt, müssen wir mit dem Schlimmsten rechnen. Leider hat er schon viele Steuerzahler aufs Kreuz gelegt! Lassen Sie ihn keinesfalls ins Haus! Manche Prüfer haben nämlich trickreiche Methoden; denen sind Sie nicht gewachsen! Deshalb bringen Sie Ihre Bücher in mein Büro. Er soll sie hier prüfen und seine Fragen an mich stellen und nicht an Sie!‹

Wie sollen wir jetzt mit diesem Problem umgehen? Ich spüre Angst. Da kommt mir ein hilfreicher Gedanke: ›Du kannst den Menschen ja segnen!‹ Und so machte ich es jeden Morgen vier Wochen lang.

Dieses Segnen hat mich innerlich völlig entlastet und mir alle Angst genommen. Ich habe sogar ein positives Gefühl für den Prüfer bekommen. Ja, ich habe ihn irgendwie lieb gewonnen, obwohl ich ihn gar nicht kenne und nie gesehen habe!

Dann naht der Prüfungstag. Ich bin natürlich sehr gespannt. Am Nachmittag ruft mich unsere Steuerberaterin an: ›Es geht nicht mit rechten Dingen zu: Er war ganz verwandelt! Ich kann es mir nicht erklären. Er war höchst zufrieden mit allem! Einfacher hätte die Prüfung nicht verlaufen können! Es ist zum Staunen!‹ Bei dieser guten Nachricht bleibt mir die Luft weg, und ich stammele innerlich: ›Danke, Vater im Himmel!‹«

Wenn wir Angst vor Menschen haben, kann Gott uns helfen, dass wir durch das Segnen unsere Menschenfurcht überwinden.

42. Priesterlich Länder, Orte und Gemeinden segnen

In den siebziger Jahren war ich zum ersten Mal in Israel. Ich war von allem sehr beeindruckt. Mit drei Bussen fuhren wir drei Wochen lang durch dieses besondere Land, das alte Kanaan. Dabei lernte ich, Israel zu segnen, was ich vorher nie getan hatte. Überall wo wir hinkamen, sangen wir betend: »Segne Israel, Jeschua! Segne Israel, Jeschua, o Heiland Jeschua!« So reisten wir durch das ganze Land, segneten es an vielen Orten und pflanzten einen ganzen Wald an. An einem schönen Aussichtspunkt auf Jerusalem sangen wir: »Segne Jerusalem, Jeschua, schaffe Frieden, Jeschua!« Als Geste unseres Segnens hoben wir die Hände hoch und wünschten Jerusalem Glück. Wir beteten den Psalm 122, den schon David auf dem Weg nach Jerusalem gesungen hatte: »Wünscht Jerusalem Glück und Frieden: Allen, die dich lieben, soll es gut gehen!«

Es war so eindrücklich, dass wir es nie vergessen werden. Seither beten wir für Israel, Gottes auserwähltes Volk, und segnen es aus der Ferne. Das berührt Gottes Herz so sehr, dass er alle segnet, die Israel wohltun; denn dieses Volk – ob es uns passt oder nicht – ist nach wie vor sein Augapfel! Er hat die Erwählung Israels nicht bereut oder zurückgenommen und wird es auch in Zukunft nicht tun.

Aber nicht nur für Israel zu bitten, sind wir berufen, sondern auch für die Palästinenser und die ganze arabische Welt; ebenso für die Christen, welche in muslimischen Ländern unterdrückt werden.

Selbstverständlich segnen wir priesterlich unser Vaterland und das eine oder andere Land, an welches uns Gottes Geist gerade erinnert.

Als ich noch im Pfarrdienst war, arbeitete ich im Pfälzischen Arbeitskreis für Gemeindeaufbau mit. Wir trafen uns oft in Herschweiler-Pettersheim. In dieser Kirchengemeinde wuchsen die Kinder- und Jugendkreise stetig, und es kamen neue Kreise für junge Erwachsene und junge Familien hinzu. Ich staunte, was Gott in dieser Vier-Dörfer-Gemeinde tat. Was war der Grund, dass hier die Gemeindearbeit aufblühte, während sie an anderen Orten stagnierte? Sicher trug der opferfreudige Einsatz der vielen Verantwortlichen dazu bei. Doch einmal erwähnten Pfarrer Günther Moll und seine Frau, dass sie regelmäßig mit dem Diakon und mit Ehrenamtlichen für die vier Dörfer der Kirchengemeinde Fürbitte tun und sie segnen. War das der Schlüssel für den geistlichen Aufbruch dort?

Pfarrer Moll erzählte mir: »Wenn ich nachts wach liege, gehe ich in Gedanken durch die vier Dörfer und segne jedes Haus. Da ich aber meistens gut schlafe, gehe ich regelmäßig morgens, bevor ich die Arbeit beginne, in unsere Kirche und lege auf jedes Dorf den Segen Gottes. Oft sage ich: ›Herr, du kennst den, der am Sonntag auf diesem Platz sitzen soll. Mache du ihn bereit, zum Gottesdienst zu kommen! Segne jeden, der in dieser Reihe hier sitzen wird!‹ Ich bin überzeugt, das ist das Geheimnis unserer gut besuchten Gottesdienste.«

Ich flechte ein: »Ja, vielleicht werden die Gemeindeglieder vom Segnen angezogen, jeden Sonntag in den Gottesdienst zu kommen, um sich Gottes Segen abzuholen? Jedenfalls erlebt ihr hier nicht wie in vielen anderen Orten gähnend leere Kirchenbänke!«

»Es ist mir ein Anliegen«, fährt Pfarrer Moll fort, »dass unsere Gemeindeglieder sich für das Segnen innerlich öffnen. Deshalb weise ich in jedem Taufgespräch die jungen Eltern darauf hin, ihre Kinder morgens und abends zu segnen, besonders wenn sie dann zur Schule gehen. Manche Eltern nehmen es sich zu Herzen und tun es.

Beim Schulanfangs-Gottesdienst können die Eltern, die Mutter oder auch der Vater mit ihrem Schulanfängerkind an den Altar kommen. Gemeinsam legen wir dann dem Kind die Hände auf und sprechen ein Segenswort. Es ist für die Eltern, eigenartigerweise besonders für die Väter, ein bewegendes Erlebnis. So sagte ein Vater zu mir: ›Dass ich mein Kind in unserer Kirche selbst segnen darf, bleibt mir unvergesslich. Es bestätigt mich in meiner geistlichen Verantwortung als Familienvater.‹

Immer wieder habe ich erlebt, dass Männer positiv auf den Segen reagieren. So schicke ich jedem Mann in der Gemeinde zu seinem runden Geburtstag eine Segenskarte. Ich beginne damit, wenn er 25 Jahre alt wird. Jedes Mal habe ich darauf eine dankbare Rückmeldung bekommen.«

Der Einblick in die gesegnete Arbeit dieses Gemeindebauers hat mich beeindruckt.

Ab da gewöhnte ich mir an, möglichst jeden Morgen die drei Dörfer zu segnen, für die ich als Pfarrerin verantwortlich war. Auch wenn ich auf der Landstraße fuhr und den Kirchturm von Katzweiler sah, sang ich: »Segne Katzweiler, Jeschua!« Und wenn in der Ferne der Kirchturm von Mehlbach auftauchte: »Segne Mehlbach, Jeschua!« Ebenso wenn ich die ersten Häuser von Hirschhorn erblickte: »Segne Hirschhorn, Jeschua!«

Hat's gewirkt? Ja! Das Gemeindeleben ist zunehmend lebendiger geworden. Zumindest habe ich nicht mehr über die große Gemeinde mit den drei Dörfern geklagt. Dieses Segnen hat mich selbst positiv verändert.

Darum: Wenn wir jemanden über seine Gemeinde klagen hören, über leere Kirchenbänke, über langweilige Predigten, über Gleichgültigkeit der Getauften, über Pfarrer, Prediger und Kirchenvorsteher und andere, dann wäre zu fragen: »Könnte der Grund an diesem traurigen Zustand vielleicht an Ihrem mangelnden Segnen liegen?« Segnen oder klagen – was kommt aus unserem Mund?

Als Priester/innen sind wir beauftragt, nicht nur Einzelne zu segnen, sondern auch Städte und Dörfer, Gemeinden und Gemeinschaften, Länder, Nationen und Israel.

43. Segnen in Enchi/Ghana

Seit Jahren pflegt die Pfälzische Landeskirche eine Partnerschaft zur Presbyterianischen Kirche in Ghana/Westafrika. Die protestantische Kirchengemeinde Böhl-Iggelheim und ihre Nachbargemeinden beteiligen sich daran, indem sie sich mit der Kirchengemeinde in Enchi freundschaftlich verbunden wissen. Der Enchi-Distrikt ist ein großes Gebiet im Regenwald und liegt im Südwesten Ghanas, an der Grenze zur Elfenbeinküste.

Als Verbindungsfrau wurde die damalige Pfarrersfrau Ruth Prohl dorthin gesandt, um von den Nöten zu hören und Entwicklungshilfe zu bringen. Sie erzählt beim Frauentreff in Haßloch:

»Als ich im Januar in Frankfurt ins Flugzeug steige, ist es minus 10° kalt. Doch nach 9 Stunden Flugzeit schlägt mir in Accra eine Hitze von 50° entgegen. Ich ringe nach Luft. Zum Glück erkenne ich gleich meinen Gastgeber, den einheimischen Pfarrer Agiey an seinem herzlichen Lachen und Winken. Mit blitzend weißen Zähnen im schwarzen Gesicht und mit leuchtenden Augen heißt er mich willkommen. Wie freut er sich über den Besuch aus der Pfalz! Er bringt mich und mein großes Gepäck mit all den Mitbringseln an seinen Jeep. Zuerst fahren wir noch auf einer normalen Straße, dann aber auf einer staubigen Sandpiste in Richtung Enchi, wo sich seine große Pfarrei befindet.

Unterwegs sehen wir ein junges Paar mit einem Kind auf dem Arm. Mein Fahrer hält sofort an und fragt die beiden nach ihrem Vorhaben. Da erkennen wir, dass ihr kleiner Sohn schwer krank ist. Sein Köpfchen hängt schlapp zur Seite, seine dünnen Ärmchen und Beine baumeln kraftlos herunter. ›Wir sind seit zwei Tagen unterwegs und wollen unser Kind nach Enchi ins Krankenhaus bringen!‹, erklärt der Vater. ›Dann steigt hinten ein! Wir werden euch dorthin fahren!‹, verspricht Agiey. Die jungen Eltern sind sichtlich erleichtert und schöpfen neue Hoffnung, dass ihr Kind überleben wird. Die Kindersterblichkeit in Ghana ist extrem hoch. Nur ein kleiner Teil der Kinder wird erwachsen.

Der Pfarrer erklärt mir: ›Unser Staat ist so hoch verschuldet, dass die Krankenhäuser und leider auch die Schulen alle Kosten schon im Voraus verlangen müssen. Diese können die meisten Familien nur nach der Kakaoernte bezahlen. Wenn aber außerhalb der Erntezeit arme Kranke ärztliche Hilfe benötigen, können die Angehörigen oft nicht sofort bezahlen. Sie werden dann erbarmungslos ohne Hilfeleistung wieder heimgeschickt, auch in einer lebensbedrohlichen Situation. Eigentlich könnte unser Land wohlhabend sein, denn wir haben ergiebige Goldvorkommen. Sie gehören aber leider ausländischen Firmen.‹ Ich frage ihn: ›Welche Krankheit hat das Kind und was würde der Krankenhausaufenthalt kosten?‹ – ›Ich vermute‹, meint Agiey, ›es hat einen schweren Malariaanfall. Es wird nicht überleben, wenn es keine medizinische Hilfe bekommt. Diese kostet etwa 20 DM. Leider wissen die Leute hier zu wenig, wie sie sich gegen Krankheiten schützen können. Viele kochen nicht einmal das Flusswasser ab, bevor sie es trinken. Wir bräuchten übers ganze Land verstreut kleine Krankenstationen mit ausgebildetem Personal, welches nicht nur Kranke versorgt, sondern auch durch Hygienekurse die Bevölkerung aufklärt.‹

Ich wende mich an das Elternpaar auf dem Rücksitz, das versucht, dem fiebernden Kind Flüssigkeit einzuflößen: ›Habt ihr Geld, um den Krankenhausaufenthalt zu bezahlen?‹ Zum Glück verstehen sie mein Englisch und antworten: ›Nein! Aber wir haben zu Gott gebetet, dass er uns helfe. Das hat er schon getan, indem er euch mit dem Jeep schickte! Ihr seid für uns seine Engel!‹ Ich hole einen 20 Mark-Schein aus der Tasche und reiche ihn den Eltern. Sie lächeln etwas verlegen und freuen sich gar nicht so, wie ich es erwarte. Vielmehr spricht der Vater mit dem Pfarrer. Dieser übersetzt mir: ›Er fragt, ob du auch das Kind segnen wirst!‹ – ›Segnen? Ich gebe ihnen das Geld sehr gern!‹, antworte ich. Da erklärt mir Agiey: ›Bei uns ist es so: Wir erwarten, dass die Medizin unserem Körper hilft. Aber Körper und Geist hängen zusammen. Und unserem inwendigen Menschen kann nur Gott helfen. Darum brauchen Kranke ganz besonders seinen Segen. Deshalb bitten wir bei Krankheiten nicht nur Ärzte und Schwestern um Hilfe, sondern immer auch Gott um seinen Segen. Dann kann Heilung eintreten, wenn Gott es will.‹

Ich wundere mich: Sie wollen also mein Geld nicht ohne mein Segnen! Seltsam! Dabei haben wir hier einen Pfarrer! Er kann segnen. Das ist seine Aufgabe! Ich selbst habe noch nie jemanden gesegnet, außer mein eigenes sterbendes Kind. Da schaue ich in die dunklen bittenden Augen der Eltern und sage zu: ›Ich werde euer Kind segnen, wenn wir aussteigen!‹ Die beiden sind überglücklich. Erst meine Zusicherung, dass mein Geld mit Gottes Segen verbunden wird, ist ihnen Anlass zu echter Hoffnung und großer Freude.

Da fällt mir ein, was ich in auswärtigen Gottesdiensten erlebt habe: Während eines Liedes wird die Kollekte eingesammelt. Dann wird das Kollektenkörbchen mit einem weißen Tüchlein bedeckt und an den Altar gebracht. Der Pfarrer nimmt es in seine Hände, dankt Gott dafür und bittet ihn um Segen für ›Geber und Gaben‹. Er segnet auch die Empfänger, denen durch das Geld geholfen werden soll. So wurde damals zu meinem Erstaunen durch den Segen mein etwas unachtsam gegebenes Geld vor Gott aufgewertet! Vielleicht wurde es sogar ›ein Schatz im Himmel, den nicht mehr Motten und Rost fressen können‹ (Matthäus 6,20)? Endlich verstehe ich nun den Zusammenhang zwischen meinen 20 DM und dem Segen, den unsere Mitfahrer erbitten.

Wir bringen die Familie direkt vor die Krankenhauspforte.

Der Vater steigt mit dem Kind auf dem Arm aus und hält es mir hin: ›Bitte, segne jetzt unseren kranken Sohn Kofi!‹

Doch wie? Oft genug habe ich am Schluss des Gottesdienstes den Segen gehört und gern empfangen. Also bin ich eine Gesegnete und kann Gottes Segen weitergeben. So lege ich meine Hand auf das verschwitzte Kraushaar des Kleinen und sage in meiner Muttersprache: ›Der Herr segne dich, kleiner Kofi, und behüte dich! Der Herr lasse sein Angesicht leuchten über dir und sei dir gnädig! Der Herr hebe sein Angesicht über dich und gebe dir Frieden!‹ Dann übersetze ich etwas stockend: ›The Lord bless you, Kofi, and keep you! The Lord make his face shine upon you and be gracious unto you! The Lord lift up his countenance upon you, Kofi, and give you peace!‹

Der Pfarrer und die Eltern sprechen kräftig: ›Amen!‹ Die Eltern bedanken sich und bringen dann zuversichtlich ihren Jungen ins Krankenhaus.

Eine Woche später lädt mich das Krankenhauspersonal zu einer Führung ein. Ach, wie arm und primitiv ist die Ausstattung! Ich erkenne mit eigenen Augen ein marodes staatliches Gesundheitssystem und ungenügende medizinische Versorgung, welche der Bevölkerung zu hohe Preise abverlangt. Natürlich frage ich nach dem kleinen Kofi, den wir hergebracht haben und höre: ›Er hatte einen schweren Malariaanfall. Wäre er zwei Stunden später eingetroffen, hätten wir ihm nicht mehr helfen können. Doch jetzt ist er über dem Berg. In einer Woche können wir ihn wohl entlassen.‹ Leise sage ich: ›Danke, Jesus! Du hast Kofi gesegnet und du wirst ihn vollends heilen; denn du heißt Heiland!‹

Ganz besonders interessiere ich mich in Enchi für das kirchliche Gemeindeleben. Obwohl fast alle Gemeindeglieder bettelarm sind, teilen sie das Wenige, das sie haben, liebend gern mit anderen. Es ist selbstverständlich, dass die ganze Verwandtschaft und Nachbarschaft daran teil hat, wenn einer etwas verdient oder ein Fest feiert. Als die Lehmhütte einer Witwe abbrennt und einstürzt, sind sofort genügend Männer da, um sie wieder aufzubauen, und viele Frauen bringen der Geschädigten neuen Hausrat.

Noch mehr erstaunt mich, dass es zwischen den verschieden geprägten Kirchen und Freikirchen nicht die geringste Ablehnung oder Konkurrenz gibt. Der Glaube an den dreieinigen Gott verbindet alle miteinander. Nachdem in Enchi der katholische Gottesdienst beendet ist, kommen viele Katholiken herüber und erleben mit, was bei uns gerade im Gange ist. Auch Methodisten und Mennoniten schauen herein und feiern mit den Presbyterianern. Welch ein Vorbild für manche deutschen Kirchengemeinden!

Das alles hat sich vor einigen Jahren ereignet. Doch jetzt hat sich im Gebiet um Enchi vieles positiv verändert: Mit dem Erlös vom Böhl-Iggelheimer Hungermarsch wurden inzwischen in den Dörfern mitten im Regenwald acht Gesundheitsstationen errichtet. Sie werden von ausgebildetem und vom Staat bezahlten Personal betreut, welches auch Aufklärungsarbeit leistet. Die Behandlungskosten sind so gering, dass nun arme Familien außerhalb der Ernteperiode sie bezahlen können.

Die Geldmittel für diese Basisstationen haben wir alle durch unseren Hungermarsch erwandert. Viele Teilnehmer, Jugendliche und Erwachsene, Helfer und Spender aus unserer Gegend haben sich großartig dafür eingesetzt.

Darum sagte unser Pfarrbruder von Enchi kürzlich: ›Ihr Christen in Böhl-Iggelheim und Umgebung, ihr seid wirklich ein Segen für Enchi und unsere Dörfer im Regenwald!‹«

44. Räume, Häuser, Äcker und das Brot segnen

Wenn Kirchen und Orgeln »eingeweiht« und gesegnet werden, warum nicht auch meine neue Wohnung? So dachte ich und lud bald nach dem Einzug meine Kinder und Geschwister zu einem »Wohnungsdankfest« ein. Wir zogen miteinander durch jeden Raum und freuten uns über die neuen Tapeten und die helle Atmosphäre. Ich bat jeweils einen meiner Söhne, ein Dank- und Segensgebet zu sprechen. Wir haben als Hausherrn Jesus Christus eingeladen, hier zu wohnen, uns zu segnen und uns vor Bösem zu schützen. Dann sangen wir miteinander alle Verse von »Lobe den Herren, den mächtigen König der Ehren«, dass es laut durch die neuen Räume schallte. Natürlich gab es danach ein festliches Kaffeetrinken. Ob ich mich deshalb hier so wohl fühle?

Etwas später erzählte ich davon dem Pfarrerehepaar, das mich besuchte. Die beiden betrachteten erstaunt meinen Garten, in dem es grünte und blühte. Sie fragten: »Habt ihr auch den Garten gesegnet?« Daran hatten wir gar nicht gedacht! – »Dann holen wir es nach!«

Wer einen Sinn dafür hat, spürt es Häusern und Räumen ab, ob sie Segensstätten sind, in denen gebetet wird.

Früher segneten die Katholiken im Mai die Äcker, feierten draußen in der Natur Gottesdienste und baten um eine gute Ernte. Ich denke, dass es in manchen Gegenden immer noch geschieht aus dem Wissen heraus: Nicht wir können das Wetter und die Ernte machen, sondern es ist Gottes segnende Hand, die uns beschenkt.

In meiner Kindheit, als im Krieg Lebensmittelkarten die Brotrationen schmälerten, hatte unsere Großmama ein wichtiges Amt: Sie teilte das Brot in so viel Stücke, als Personen im Haus waren. Dann betete sie leise: »Vater, segne es!«, und tat in jeden, mit Namen versehenen Brotbeutel ein Stück. Wenn dann jemand beim Essen »Mahlzeit« wünschte, dann sagte sie sorgenvoll: »Ja ja, zuerst fällt das Wort ›Gesegnete‹ weg, und dann auch noch die Mahlzeit!«

Als blutjunger Soldat kam mein Mann in amerikanische Gefangenschaft. Er erzählte mir: »Wir bekamen täglich eine Wassersuppe und ein winziges Stück Brot, das so groß war wie unser Stückchen Brot beim Abendmahl. Die Kameraden haben es sofort heißhungrig verschlungen. Aber ich habe es auf die Handfläche gelegt, die andere Hand darüber und hochgehoben und gebetet: ›Vater, segne diese Speise, uns zur Kraft und dir zum Preise!‹ Es wurde mir zum Abendmahlsbrot. Ich habe es in der Gegenwart Jesu ganz langsam gegessen, und es hat mich am Leben erhalten. Richtiger gesagt: Er hat mich am Leben erhalten!«

45. Gebieten und Segnen wirkt gegen Satanisches

Missionar Armin Kniesz und seine Frau Luise erzählen mir aus ihrer Missionsarbeit in Kolumbien folgendes:

»Wir hatten in der Drei-Millionen-Stadt Medellin ein Gebetsfrühstück für Männer. Da breitet der christliche Buchhändler Pablo ein Plakat aus: ›Seht, ihr Männer, was in unserem Einkaufszentrum, wo sich auch mein Buchladen befindet, geschieht!‹ Wir lesen, dass gewisse Bands wieder ein Konzert in der dortigen Disko geben. Jeder von uns weiß, dass besonders eine von ihnen sehr aggressive Musik in Hardrock bringt. In den Texten wird die Gewalt verherrlicht und Satan angerufen. Oft drehen die jugendlichen Besucher durch, beschädigen in der Disko das Mobiliar und auf der Straße Autos und Fensterscheiben. Nicht immer kann die Polizei die Zerstörungswut eindämmen, und der Schaden ist groß. Deshalb können wir die Sorge des Buchhändlers gut verstehen. Noch mehr aber macht uns Gedanken, dass Jugendliche unserer Stadt, ohne es zu wissen, durch diese Musik in einen Satanskult hineingetrieben werden.

Unsere Großstadt Medellin hat nicht nur durch Drogenkonsum und -handel eine traurige Berühmtheit, sondern auch durch kriminelle Gewalt und die Aktivitäten der Satanskirche. Sind wir als Christen dagegen ganz machtlos?

Am Abend dieses Tages« – so berichtet Missionar Kniesz – »leite ich ein Seminar über Missionsmethoden in der Großstadt. Das Werk ›Jugend mit einer Mission‹ hat Gemeinde- und Jugendgruppenleiter zu dieser Fortbildung eingeladen. Ich zeige den Teilnehmern das Plakat und frage: ›Können wir gegen diesen satanischen Angriff eine geistliche Kampfführung wagen? Jesus Christus ist doch stärker als sein Widersacher! Unser vertrauensvolles Beten ist Gottes Weg, solch eine Situation zu verändern. Wir als Mitstreiter von Jesus Christus haben von ihm Vollmacht, Gebiete, die vom Feind beherrscht werden, freizubeten. Wer von euch schließt sich mir an, heute während des Konzerts diese Erkenntnis in die Praxis umzusetzen?‹

Sechs junge Erwachsene melden sich. Am Abend begeben wir uns unter dem Schutz von Jesu Blut, wodurch er den Satan bezwungen hat, zum Eingang des Einkaufszentrums. Wir begegnen jungen Kolumbianern, die nur noch ein Wrack sind – verlebt und kaputt durch Drogen und liederliches Leben. Ihre Verlorenheit und ihr leeres Dasein tut uns in der Seele weh. Zwei Welten stoßen aufeinander! Klar, dass man uns den Eingang in die Disko verwehrt. Selbst wenn wir schwarze Klamotten getragen hätten, wären wir an unseren Gesichtern und unserem Verhalten als Christen erkannt worden. So schließen wir auf der Terrasse unterhalb der Disko einen Gebetsring.

Wir gebieten dem Feind, dass er weichen muss: keine Zerstörung und nichts Gewalttätiges! Diese Konzertreihe muss unterbrochen werden und ganz aufhören!

Wir stellen das Einkaufszentrum, den Buchladen und die christlichen Geschäfte unter den besonderen Schutz Gottes.

Kühn erflehen wir Gottes Segen auf diese Stätte: hier soll nicht mehr Satan angebetet werden, sondern Gott soll hier verherrlicht werden! Junge Menschen sollen aus dem Sumpf gerettet werden und Jesus Christus nachfolgen!

Mehr können wir nicht tun. Wir lassen Gott handeln.

Bald danach erfahren wir: Die Managerin des Einkaufszentrums hat überraschend den Vertrag mit diesen Bands gekündigt. Buchhändler Pablo hat einen christlichen Sänger ausfindig gemacht, der ohne Gage ein Konzert geben will. Es soll sogar im größten Raum, in der Atrium-Halle mitten im Einkaufszentrum stattfinden! Halleluja!

Schon einen Monat später hat sich das Blatt gewendet: Wo vorher Hardrock-Musik dröhnte, erschallen jetzt schwungvolle christliche Lieder, die Jugendliche ermutigen, sich Jesus Christus anzuschließen. Wo vorher Satan geherrscht hat, wird nun Gott geehrt! Wo vorher junge Leute bis zur Aggressivität aufgeheizt wurden, fangen sie an, nach Gott zu fragen. Wo vorher Verführer waren, sind jetzt christliche Mitarbeiter aus jungen Gemeinden, die Fragenden Rede und Antwort stehen.

Die Reihe dieser christlichen Konzerte soll nun mit verschiedenen Gruppen und Stilarten fortgesetzt werden, und sie wird in Medellin Auswirkungen haben. Wir sind darauf gespannt!«

46. Und wenn der Segen abgelehnt wird?

Gott stülpt uns seinen Segen nicht einfach über. Wollen wir überhaupt etwas mit dem Segensspender zu tun haben? Je stärker sich unser Ja durch Anfechtungen und Versuchungen durchkämpft, umso fester wird dann auch der Segensbund zwischen Gott und Mensch. So sagte Mose zum Volk Israel, bevor es das Land Kanaan in Besitz nahm (5. Mose 11, 26–28): »Ich stelle euch heute vor die Wahl: Wollt ihr Segen oder Fluch? Der Segen wird euch zuteil, wenn ihr die Weisungen des Herrn, eures Gottes, befolgt. Der Fluch trifft euch, wenn ihr sie missachtet, und den rechten Weg, den ich euch zeige, verlasst und euch anderen Göttern zuwendet.«

Es gibt einen verlorenen Segen! Ja, es gibt unendlich viel verloren gegangenen Segen! Das liegt nicht an Gott, sondern an uns. Meistens merken wir den Verlust nicht sofort. Erst später, nach einer gewissen Zeit, vermissen wir den Segen in unserer Ehe, in unseren Beziehungen, in unserer Familie, in unserer Arbeit, in unserer Charakter- und Glaubensentwicklung oder wo auch immer. Dann sitzen wir in der »Hätt-ich-doch-Station« fest und sagen: »Ach, hätt ich doch damals ...! Hätt ich doch!«

Liegt unsere »Hätt-ich-doch-Station« in diesem Leben, dann besteht die Möglichkeit, noch viel oder alles zu ändern. Liegt aber die »Hätt-ich-doch-Station« in der Ewigkeit, weiß ich nicht, ob wir dort noch etwas ändern können oder ob dann alles unwiderruflich, »end-gültig« ist.

Gott ist im Grunde immer der Segnende: Sein Tun ist lauter Segen! So soll auch unser Tun lauter Segen sein. Aber manchmal kommen uns auch Zweifel, wenn wir jahrzehntelang beten und segnen und nichts scheint sich zu verändern.

Vielleicht wird der Segen von der Person, der es gilt, bewusst abgelehnt. Sollen wir beleidigt sein? Geht nun der Segen verloren? Nein! Jesus sagt in Matthäus 10,12–13 zu seinen Jüngern etwa so: »Wenn ihr zu einer Familie hingeht, dann grüßt: ›Friede komme auf euch! Schalom!‹ Dieser Friedensgruß ist eine Segensspende. Wer euren Frieden oder Segen annimmt, bei dem bleibt er auch. Wenn er aber abgelehnt wird, dann kommen Friede und Segen wieder zu euch zurück!«

Wir werden also nicht ärmer, wenn unser Segnen und Gottes-Wort-Verkündigen zurückgewiesen werden.

Gott verhüte, dass die Ablehnung unserer Verkündigung und Seelsorge uns persönlich beleidigt und verbittert. So ist es den beiden Jüngern Johannes und Jakobus ergangen (Lukas 9,53–56):

Als Jesus auf seinem letzten Weg nach Jerusalem war, schickte er Boten vor sich her. Diese kamen in ein Dorf in Samarien und suchten eine Unterkunft für ihn. Aber die Dorfbewohner wollten Jesus nicht aufnehmen, weil er auf dem Weg ins jüdische Jerusalem war. (Juden und Samariter hatten kein gutes Verhältnis zueinander.) Als Jakobus und Johannes das hörten, fragten sie Jesus: »Herr, sollen wir befehlen, dass Feuer vom Himmel fällt und sie vernichtet?« Jesus wies sie zurecht: »Habt ihr vergessen, welcher Geist euer Leben bestimmen soll? Der Menschensohn ist nicht gekommen, um Menschenleben zu vernichten, sondern um sie zu retten!« So zogen sie in ein anderes Dorf, wo sie aufgenommen wurden.

Jesus ist uns ein leuchtendes Vorbild: Er vergilt Böses mit Gutem. Er überwindet den Fluch mit Segen. Seine Haltung ist für uns wie eine Burg, dahin wir fliehen können, wenn die Ablehnung unserer Botschaft uns die letzte Nervenkraft raubt und unsere Gesundheit bedroht.

Paulus schreibt (1. Korinther 4,12): »Wir segnen, wenn man uns verflucht. Wir ertragen es, wenn man uns verfolgt. Wenn man uns beschimpft, antworten wir mit freundlichen Worten.« Und Petrus schreibt (1. Petrus 3,9): »Vergeltet Böses nicht mit Bösem und gebt Beleidigungen nicht wieder zurück! Im Gegenteil: Segnet eure Beleidiger!«

Mit der Hilfe von Jesus ist das tatsächlich möglich.

47. Hindernisse für den Segen

Da sagt jemand zu uns: »Gott segne dich!«, und wir haben den Eindruck, das ist mehr oder weniger fromm daher geredet. Wir halten an einer Beziehung fest, von der wir wissen oder auch nur ahnen, dass Gott sie nicht segnen wird, obwohl wir uns gerade diesen Segen so dringend wünschen.

Zu dem vollmächtigen Pfarrer Blumhardt dem Älteren kamen unzählige Menschen mit ihrer Not und baten ihn, für sie zu beten und sie zu segnen, und sie erfuhren Hilfe. Bei uns in Katzweiler gab es einen mennonitischen Bauern, von dem die Leute sagten: »Wenn Onkel Herbert gebetet hat, dann war wirklich gebetet« – das heißt, dass sein Gebet bis zum Thron Gottes gedrungen ist. Was ist bei uns falsch, dass Gott uns nicht mit gleicher Vollmacht ausrüsten kann?

In 2. Chronik 30 wird erzählt, wie König Hiskia mit einer großen Gemeinde das Passafest feierte: Am Ende des Festes »erhoben sich die Priester, die Nachkommen Levis, und erteilten dem Volk den Segen des Herrn. Ihr Gebet drang hinauf zu seiner himmlischen Wohnung, und Gott erhörte es.«

Einige Verse vorher wird berichtet, warum es erhört wurde: »Die Priester und Leviten bekannten ihre Schuld und heiligten sich und brachten die Brandopfer zum Hause des Herrn« (Vers 15). Durch ihr Schuldbekenntnis waren sie nun ein gereinigter Segenskanal geworden.

Darum befahl der Prophet Jesaja den Priestern: »Reinigt euch, die ihr des Herrn Geräte tragt!« (Jesaja 52,11; 59,2). Damit meinte er: Geht, bevor ihr im Heiligtum betet und segnet, an das Eherne Waschbecken, wascht euch die Hände und die Füße und zieht reine Kleider an. Und reinigt euch von Schuld und Sünde! Dann habt ihr Vollmacht, den Priesterdienst zu tun, »denn eure Sünden verbergen das Angesicht Gottes vor euch, dass ihr nicht gehört werdet!« Jeder Mangel an innerer Reinigung verzehrt Kräfte. Sie fehlen uns, wenn wir segnen sollen.

Das sagt uns ganz klar unser Gewissen:

Den einen ermahnt es, die »Kritiksucht im geistlichen Gewand« endlich abzulegen und stattdessen viel mehr zu segnen. Beim anderen legt es den Finger auf das Nichtvergebenwollen und die Bitterkeit. Bei vielen von uns, besonders bei denen, die immer schaffen müssen, deutet es auf den Mangel an Stille, Gebet und Fürbitte. Oder es deckt Neid und Eifersucht auf. Die Unwahrhaftigkeit ist weit verbreitet, auch bei Christen.

Schwieriger ist es, die Vermischung von Seelischem und Geistlichem, von Menschlichem und Göttlichem zu erkennen. Menschengefälligkeit, sich selber in ein günstiges Licht stellen, den Wahrheitsgehalt der Bibel verleugnen und so weiter.

Die Wesens- und Tatsünden, unsere Gedanken- und Wortsünden werden nur unter dem Kreuz Jesu Christi gereinigt, wo er sein Blut für uns vergossen hat. Es ist das einzige »Reinigungsmittel«, das für alle Ewigkeit gilt und das der Ewige Richter anerkennt.

Nur so können wir ein gereinigter Segenskanal werden.

48. Mein Jordan-Erlebnis

Als die Benzin- und Flugpreise nur ein Drittel der heutigen betrugen, konnte ich es mir leisten, drei vollgefüllte Wochen lang durch Israel zu reisen. Mein alter Wunsch ging endlich in Erfüllung! Wir fuhren als eine sehr große Reisegesellschaft in drei blauen Bussen durch das ganze Heilige Land. Es waren Christen jeglicher Prägung – eine buntgewürfelte Reisegemeinde.

An biblischen Orten steigen alle aus und besichtigen sie. Wir stellen Fragen, erhalten gute Erklärungen und versammeln uns dann mit der Bibel in der Hand zu einer Andacht über Quelle und Überlieferung dieser Stelle, auf der gerade unsere Füße stehen.

Eines Tages erreichen wir den Jordan und die Taufstelle des Johannes. Wir singen und beten und einige werden getauft.

Ich stehe etwas erhöht und schaue über die Pilgergruppe hin. Dabei erhebe ich mich über sie und denke daran, wie der eine einen bestimmten Bibeltext ausgelegt hat, der andere ganz gegenteilig; welche Glaubensäußerungen diese Frau gemacht hat und jene wieder völlig andere. Ich erinnere mich an die Vorkommnisse bei den Pfingstlern und Charismatikern.

Da stehe ich nun am Jordan und kritisiere jeden, der einen anderen Frömmigkeitsstil hat als ich. Ich verurteile sogar gewisse Formen und die Ausdrucksweise ihres Glaubens. So beklage ich mich: »Himmlischer Vater, wo bin ich nur hingeraten! Ich hätte besser daheim bleiben sollen! Schau dir doch deine Kinder an, wie sie beten: Die einen beten oder singen in Zungen, und ich verstehe sie nicht und kann deshalb nicht mitbeten! Die andern lassen sich – nur weil sie gerade am Jordan sind – noch einmal taufen, obwohl sie schon getauft sind! Und dann sind dieser Tage einige nach rückwärts umgefallen! Was sagst du dazu? Die sollen meine Geschwister sein? Ich denke, die einzigen, die richtig beten und singen und glauben, sind so wie ich: gläubige Protestanten!«

Ich meine, in Gedanken eine Antwort zu erhalten – etwa so: »Was geht es dich an, wie ICH meine Kinder präge? Was geht es dich an, in welcher Gemeinde ICH sie aufwachsen lasse? Was geht es dich an, welche geistlichen Gaben ICH ihnen gebe? Was geht es dich an, wie ICH sie führe? Ich bin dir keine Rechenschaft schuldig! Wie sie glauben und beten, das ist für mich kein Problem; denn sie sind in meiner Schule und werden noch dazulernen. Aber was mir zu schaffen macht, ja, was mir sehr zu schaffen macht – das ist dein hochmütiger Kritikgeist!«

Segnen statt richten! Dieses Jordanerlebnis war vor Jahrzehnten und ist mir bis heute unvergesslich geblieben, weil ich deutlich gespürt hatte, wie die Schamröte mir ins Gesicht gestiegen war. Es hat mich innerlich geprägt. Seither lasse ich mich von Gottes Geist daran erinnern, wenn ich anders geführte Gotteskinder kritisieren will.

Von da an kann ich den Frömmigkeitsstil anderer Christen stehen lassen. Ich brauche ihn nicht unbedingt mitzumachen, aber ich akzeptiere ihn und verurteile ihn nicht mehr. Seither werde ich von den verschiedensten Denominationen und Gemeinschaften als Referentin eingeladen. Sogar von denen, wo die Frau nach Auffassung der Brüder schweigen müsse. Offene Türen und niemand kann sie zuschließen! Mein Horizont in der christlichen Landschaft hat sich beträchtlich erweitert.

AGAPE-GEBET

Lieber Vater!
Ich liebe meine Schwestern und Brüder.
Ich liebe sie, weil du sie liebst.
Ich liebe sie, obwohl sie Fehler haben und Fehler machen.

Vater,
ich vergebe ihnen,
wo sie sich gegen mich gewandt haben.

Ich bitte für mich selbst
im Namen Jesu um Vergebung,
wo ich sie nicht liebte,
wo ich mich von ihnen absetzte,
wo ich sie verurteilte und
über sie verächtlich dachte und redete.

Vater,
ich will mein Herz, meine Gedanken und meinen Mund bewahren,
dass sie nichts Negatives und Zerstörerisches
denken und sagen über meine Geschwister.

Negatives über andere erzähle ich nicht mehr weiter!
Und wo ich von Unsegen höre,
soll es von nun an nur noch ein Anlass sein
zu vergeben, zu segnen und zu lieben.

Heiliger Geist,
fülle mich bitte mit deiner göttlichen Liebe,
dass ich davon überfließe!
Nur durch dich wird unter uns das Wunder
von Liebe und Einheit wahr.

Danke! Amen.   *John Wesley*

Was will ich mir einprägen und nie mehr vergessen?

Was bedeutet mir Jesus Christus?

49. Eine segnende Haltung und ein segnender Blick

Eine junge Freundin sagte zu mir: »Ich neige eher dazu, Segen zu leben, als ihn in Worte zu fassen. Ein stiller Segen liegt mir mehr als viele fromme Sätze. Darum fällt es mir auch leichter, einen Segenswunsch in Briefform zu schreiben oder eine kleine Aufmerksamkeit zu schenken – die rechten Worte zu finden macht mir immer Mühe. Ja, ich möchte gern ein Herz voller Segenswünsche haben für meine Nächsten und für alle, mit denen ich zu tun habe: eine ›Segen-leben-Haltung‹.«

Solche Personen haben oft einen segnenden Blick. Er ist eine Segensbrücke zum andern hin. Ich denke da an die Jünger Petrus und Johannes. Sie gehen gerade zum Nachmittagsgebet in den Tempel. An der Schönen Tür, die in den Tempelvorhof führt, sitzt wie immer ein Gelähmter. Jeden Tag lässt er sich dorthin tragen und bettelt die Leute an. Niemand spricht mit ihm. An seiner Person sind sie nicht interessiert. So schaut der Gelähmte deprimiert aufs Pflaster und auf die Füße der Vorbeigehenden. Da kommen Petrus und Johannes. Sie bleiben stehen. Der Gelähmte murmelt vor sich hin: »Eine milde Gabe!«, und lässt seinen Kopf hängen. Eine erbärmliche Gestalt! Die beiden Jünger nehmen sie wahr. Sie sagen zu dem Mann: »Sieh uns an!« Erstaunt hebt der Gelähmte sein Gesicht und schaut in zwei gütige Augenpaare. Dieses bewusste, klare gegenseitige Anschauen wird zur Segensbrücke. Darauf kann das Vertrauen des Gelähmten zu den beiden Jüngern hinwandern. Erst dann sagen sie das Wort der Hilfe, ergreifen seine Hand und ziehen ihn hoch. (Apostelgeschichte 3)

Zuerst der Blick, dann einige wenige Worte, danach die Hilfe!

Eines kann selten erzogen werden: das Auge! Es ist ehrlicher, als unsere Worte manchmal sind. Darum ist die Bitte unumgänglich: »Jesus, segne meine Augen! Segne meinen Blick! Segne meine innere Haltung den Nächsten gegenüber!« Unser Blick muss einen Läuterungsweg durchgehen. Dann wirkt er befreiend, kann Vertrauen übermitteln und aufrichten oder auch beruhigen.

Weil es einen »bösen Blick« oder stechenden Blick gibt, hämische und neidische Blicke, auch verächtliche Seitenblicke, ist es umso notwendiger, dass wir uns ein »den anderen segnendes Anschauen« erbitten. Wenn wir treu immer wieder diese Gebetsbitte aussprechen, wird Gott sie uns mehr und mehr erfüllen.

50. Zwischen Koblenz und Essen

Beate erzählt:

»Ich steige in Koblenz in den Intercity und finde sogar ein freies Abteil. Ich belege den Fensterplatz in Fahrtrichtung.

Nach mir kommen noch zwei Männer herein. Mit knappem Gruß setzt sich der jüngere mir gegenüber, schlägt sofort ein technisches Fachbuch auf und vertieft sich in seine Arbeit. Ich denke: ›Er wird wohl ein Student sein!‹ Der andere nimmt den Platz neben mir ein, klappt seinen Laptop auf und beginnt zu tippen und zu rechnen. Eine mit Denken angefüllte Stille breitet sich im Abteil aus. Ich hole meine Studienbibel, Farbstifte und Kugelschreiber hervor und beginne den Philipperbrief zu lesen. Einige Aussagen unterstreiche ich mit der entsprechenden Farbe – ich habe für mich ein besonderes System entwickelt – und schreibe in Stichworten meine Gedanken an den Rand.

Plötzlich bremst der Zug und bleibt mitten in der Landschaft stehen. Wir drei schauen uns verdutzt an. Keine Einfahrt? Dann vertieft sich jeder wieder in seine Arbeit. Auf einmal eine Lautsprecherdurchsage: ›Wegen eines Personenschadens vor Köln hat dieser Zug voraussichtlich 20 Minuten Verspätung! Sie erreichen aber noch folgende Anschlüsse: ...‹ Wir drei schrecken auf. Was ist passiert? Nachdenkliche Stille.

Da stellt der Fahrgast neben mir unvermittelt eine Frage in den Raum: ›Warum bringen sich heutzutage so viele Menschen um? Das verstehe ich nicht!‹ Der Student gegenüber schaut ihn kurz an und vertieft sich ohne Antwort wieder in sein Fachbuch. Ich spüre, ich bin gefragt! So klappe ich meine Bibel zu, schicke ein Stoßgebet zum Himmel und antworte: ›Viele Menschen haben keine Wurzeln mehr in ihren Familien, keinen inneren Halt, es fehlen ihnen gute Freunde, sie fühlen sich einsam, sind womöglich von Drogen abhängig. Andere haben eine unheilbare Krankheit oder sind vielleicht hoch verschuldet und befinden sich in einer tiefen Depression. Jedenfalls muss es einer solchen Person hoffnungslos miserabel gehen, bevor sie sich zur Selbsttötung entschließt.‹

Ich mache eine Pause und fahre dann fort: ›Doch die eigentliche Ursache könnte die Gleichgültigkeit Gott gegenüber sein: Viele Menschen vertrauen Gott nicht mehr, dass er ihnen in einer so schweren Lage helfen kann. Glauben Sie mir, ich weiß, wovon ich spreche. Ich habe zwei Selbstmordversuche hinter mir. Heute bin ich Gott unendlich dankbar, dass er mich damals bewahrt hat. Aber das war vor Jahren, als ich noch nicht an Gott glaubte und nicht im Gespräch mit Jesus Christus lebte.‹

Der Zug hat sich inzwischen wieder in Bewegung gesetzt. Nun klappt mein Banknachbar seinen Laptop zu und fragt interessiert: ›Und wie sind Sie eine Gläubige geworden?‹ Der Student gegenüber liest mit tief gesenktem Kopf immer an ein und derselben Stelle.

›Das war vor wenigen Jahren‹, antworte ich. ›Da lud ich Jesus Christus in mein Leben ein. Es entstand eine herzliche Beziehung zwischen ihm und mir.‹ Ich bin über meinen eigenen Mut erstaunt, dass ich mit einem fremden Mann über meinen persönlichen Glauben rede. ›Es ist eigentlich eine längere Geschichte. Da gab es verschiedene Anstöße!‹

›Oh, wie schade! In fünf Minuten muss ich in Köln aussteigen. Und ich hätte Ihren Bericht so gern gehört! Schon lange mache ich mir Gedanken, wie ich mit Gott wieder in Verbindung kommen kann. Als Kind hatte ich sie. Doch jetzt habe ich manchmal den Eindruck, ich bin weit von ihm entfernt.‹

Erstaunt über seine Offenheit frage ich: ›Wollen Sie zu Gott heimfinden?‹

Er nickt und fragt: ›Wie?‹

›Nun, das kann ich Ihnen schwarz auf weiß zeigen! Holen Sie mir bitte meinen Koffer herunter! Da habe ich zwei Bücher drin, in denen ich von meiner Umkehr zu Gott be-

145

richte!‹ Gern reicht mir mein Gesprächspartner das Gepäck. Ich öffne, greife nach einem der beiden Bücher ›Was Frauen mit Gott erleben ist zum Staunen‹: ›Das schenke ich Ihnen. Lesen Sie bitte auf Seite 67 ›Eine Lebenswende und ihre Folgen‹. Das ist meine Geschichte. Und hier sind meine Adresse und Telefonnummer. Wenn Sie noch Fragen haben, rufen Sie mich bitte an. Ich freue mich darüber. Gott segne Sie!‹

Mit Dank nimmt er mein Buch und gibt mir seine Visitenkarte, dann packt er seine Tasche, reicht mir und dem Mann gegenüber die Hand und wünscht: ›Gute Weiterreise!‹ Ein warmes Lächeln für mich zum Abschied! Er verlässt unser Abteil.

Ich lese auf seiner Visitenkarte, dass er ein Finanzberater aus Köln ist. Ich schaue mein Gegenüber an und sage: ›Wenn Sie es möchten, schenke ich Ihnen das zweite Buch. Doch Sie studieren?‹ ›Das stimmt‹, antwortet er, ›ich schreibe gerade an meiner Doktorarbeit. Trotzdem nehme ich Ihr Buch sehr gern. Danke! Ich will auch Ihren Glaubensbericht lesen. Danach werde ich es wahrscheinlich meiner krebskranken Tante schenken. Übrigens – während Sie sich mit dem Herrn neben Ihnen unterhielten, habe ich die ganze Zeit still gebetet: Jesus, bitte segne jetzt dieses Gespräch! Ich wollte mich nicht einmischen, obwohl ich ein engagierter Christ bin ...‹

Wir sind noch mitten im Gespräch, als der Zug hält und der Doktorand aussteigen muss. Jetzt betritt eine recht mollige Frau mit schönem schwarzem Haar das Abteil und nimmt mir gegenüber Platz. Sie schaut auf die zugeschlagene Bibel, auf der mein israelisches Buchzeichen liegt, und sagt erstaunt: ›Oh, ich sehe den Davidsstern und die Menora und einen Fisch! Interessante Zeichen!‹ – ›Ja!‹ erkläre ich, ›der Fisch ist das Erkennungszeichen der ersten Christen. Ich bin Christin.‹ Prompt sagt sie: ›Und ich bin Jüdin!‹

Natürlich sind wir sofort im Gespräch über das Alte und das Neue Testament. ›Wir erwarten beide den gleichen Herrn!‹, wage ich zu sagen, ›Sie den Messias und ich den wiederkommenden Jesus Christus!‹ Viel zu schnell sind wir in Essen angelangt, und ich muss aussteigen. Ich gebe ihr die Hand und sage herzlich: ›Schalom! Gott segne Sie, liebe Schwester!‹ Darauf antwortet sie lächelnd: ›Ani mevarechet otach beshem Adonai!‹ Auch sie hat mich gesegnet. Ich habe mir ihren Segen später von einer hebräisch sprechenden Frau aufschreiben lassen.

Zu Hause angekommen bete ich in meiner täglichen stillen Zeit etwa ein bis zwei Wochen lang treu für den Finanzberater aus Köln, dass er die Heimkehr zu Gott erlebe, und ich segne ihn im Namen Jesu Christi. Nach acht Wochen erreicht mich ein später Anruf: ›Hallo! Hier ist Ihr Zugbegleiter. Noch einmal herzlichen Dank für Ihr Buch. Ich habe es mit großem Interesse auf meinem Flug nach Mexiko ausgelesen. Dort angekommen lernte ich bald eine lebendige christliche Gemeinde kennen und habe dann mit Jesus Christus eine persönliche Beziehung begonnen. Im Zug zwischen Koblenz und Köln hat meine Suche angefangen, und ich bin am Ball geblieben, bis ich Ihn gefunden habe – äh – bis Er mich gefunden hat. Sie haben mich dazu angeregt! Danke! Nun bin ich wieder in Köln und suche eine lebendige Gemeinde, in der ich mich wohlfühlen kann. Können Sie mir raten?‹

Wie doch Gott Menschen lenkt, die nach ihm fragen! Sofort schicke ich ihm eine Bibel, ein Losungsbüchlein und einen ausführlichen Brief, in dem ich ihm erkläre, wie beides zu handhaben ist. Dann rufe ich einige Bekannte an und erfahre Adressen von Kölner Gemeinden. In einer von ihnen fühlt er sich jetzt zu Hause und hat sogar einen seelsorgerlichen Kontakt mit dem Pastor. Es ist eine junge Gemeinde, die international geprägt ist und auch seiner mexikanischen Freundin gefällt.

Jetzt bin ich gespannt, wie die beiden in ihrer Gemeinde Fuß fassen und geistlich wachsen. Was Gott im IC zwischen Koblenz und Köln angefangen hat, das wird er auch wunderbar vollenden.«

Zur Betrachtung

Wo bin ich auf diesem Bild?

Bin ich segnend und verzeihend wie der Vater?

Kann ich so vergeben, wie Gott mir vergibt?

Kann ich auch dann vergeben, wenn die andere Person nicht vor mir kniet?

Bin ich zu Gott heimgekehrt und um Vergebung bittend wie der Sohn?

Kann ich auch Menschen um Verzeihung bitten?

Bin ich noch skeptisch wie der Stehende mit dem Stock?

Betrachte ich kritisch die Gläubigen?

Bin ich ergriffen über die Liebe des Vaters wie der kniende Diener?

Kann ich anbeten, wenn ich erkenne, wie Gott sich erbarmt?

Bin ich ein unbeteiligter Zuschauer, der nur mal unverbindlich in die fromme Szene hineinschaut?

Oder: Bin ich noch von Gott entfernt und schemenhaft im Dunkeln wie die Person im Hintergrund?

Bild: »Heimkehr des verlorenen Sohnes« von Rembrandt (Ölbild)

51. Segnen im Hauskreis

Dass die Hauskreisleiter/innen am Ende der Zusammenkunft einen Segen sprechen, ist selbstverständlich. Doch in der Landeskirche von Württemberg dürfen sie auch das Abendmahl austeilen, nachdem sie bei einem Schulungswochenende ein Zertifikat erworben haben. Das Amt für Missionarische Dienste fördert landeskirchlich orientierte Hauskreise und bietet ihnen Schulungen jeder Art an.

Pfarrerinnen und Pfarrer, in deren Gemeinden Hauskreise sind, pflegen klugerweise mit Hauskreisteilnehmern herzlichen Kontakt. In Württemberg gibt es etwa 5000 landeskirchlich orientierte Hauskreise.

Auch in meinem Pfälzer Heimatdorf gibt es viele verschieden geprägte Hauskreise.

Wir sind ein Hauskreis von lauter Frauen und gehen sehr offen und vertrauensvoll miteinander um.

Eines Abends sagte Brigitte: »Ich habe einen schweren Gang vor mir: Ich muss operiert werden und habe Angst davor. Bitte betet für mich mit Handauflegung!« Spontan standen drei von uns auf und gingen zu ihr hin. Wir legten unsere Hände auf Kopf, Schultern und Rücken. Alle im Kreis konzentrierten sich auf eine intensive Fürbitte. Eine begann: »Wir segnen dich für deinen schweren Gang ins Krankenhaus! So spricht der Herr: ›Fürchte dich nicht! Ich bin mit dir! Ich helfe dir auch!‹« Eine andere betete für ein gutes Gelingen der Operation, für die Ärzte, Schwestern und Medikamente. Wieder eine dafür, dass Brigitte vertrauensvoll sagen kann: »Von allen Seiten umgibst du mich und hältst deine Hand über mir!« Fast jede im Hauskreis sprach ein kurzes Gebet.

Brigitte wischte sich die Augen und bedankte sich: »Jetzt geht es mir schon besser! Ich habe die Wärme eurer Hände und eurer Gebete gespürt! Danke!« Wir versprachen ihr, auch weiterhin für sie zu beten, mit ihr zu telefonieren oder ihr einen Gruß ins Krankenhaus zu schicken.

Klara, die zu einem anderen Hauskreis gehört, erzählte mir:

»Ich hatte vor etwa zehn Jahren einen fürchterlichen Streit mit meiner Schwägerin. Sie fühlte sich zutiefst beleidigt und ich innerlich verwundet. Wir entschieden uns, Abstand voneinander zu halten, um weitere Verletzungen zu vermeiden. Mein Bruder stellte sich um des Ehefriedens willen auf die Seite seiner Frau. So haben wir uns etwa fünf Jahre lang nicht gesehen, nicht einmal telefonisch miteinander gesprochen, obwohl die beiden im Nachbarort wohnen. Eisige Funkstille! Ich gestehe, es hat mich nicht besonders belastet, denn ich war mit eigenen Problemen sehr beschäftigt.

Diese häuften sich immer mehr an, dass sie mir über den Kopf wuchsen. Ich dachte: ›Hier kann mir nur noch Gott helfen!‹ Doch ich hatte keine Verbindung zu ihm. Da hörte ich von einem Glaubenskurs, für welchen man keine Vorbedingungen erbringen müsse, und bekam dadurch Kontakt mit engagierten Christen, deren Hauskreis mir eine unschätzbare Hilfe wurde.

An einem Hauskreisabend brachte jemand ein Gebet mit und las es vor. Nach meiner Erinnerung hieß es etwa so: ›Vater im Himmel, zeige mir jetzt die Person, die ich ablehne!‹ Hier machte der Vorbeter eine Pause, und ich sah plötzlich meine Schwägerin vor mir, an die ich kaum mehr gedacht hatte. Dann fuhr er fort: ›Du weißt, Vater, dass zwischen mir und dieser Person eine Wand steht. Wenn ich nun diese Wand auf meiner Seite in deinem Licht betrachte, ist sie beschrieben. Darauf steht: meine Kaltherzigkeit, meine Kritiksucht, meine negativen Gedanken, meine Abneigung, meine Unversöhnlichkeit!‹ Ja, erkannte ich, deshalb steht die Wand zwischen uns! Vergib mir!

Ich hob den Kopf und fragte in den Kreis: ›Kann ich sonst nichts tun?‹ – ›Doch!‹, sagte der Hauskreisleiter, ›segnen, dann passiert was!‹

Daraufhin habe ich jeden Morgen in meiner Fürbitte meine Schwägerin gesegnet. Eine Zeit später starb mein Schwiegervater. Auf seinem Grab entdeckte ich neben anderen Blumen einen Kranz mit einer Schleife. Darauf stand: ›Letzter Gruß von ...‹ mit den Namen von Schwägerin und Bruder. Dann wurde mein Mann aktiv: Er rief die beiden an, bedankte sich für die Aufmerksamkeit und fügte hinzu: ›Wir finden es gar nicht gut, dass ihr nicht mehr zu uns kommt!‹ Bald darauf besuchten sie uns. Wir waren alle sichtlich erleichtert. Die alte Geschichte wurde nicht mehr aufgewühlt. Es war nicht mehr nötig.«

Zur Besinnung

Ich kann vergeben, weil ...

52. Segnungs-Gottesdienste

In den 70er- und 80er-Jahren verbreiteten sich in ganz Deutschland und anderen Ländern verschieden geprägte Segnungsgottesdienste, verbunden mit einer Lobpreisfeier. Unzählige junge Leute strömten herbei, sangen begeistert Anbetungslieder und ließen für sich beten und sich segnen. Dieses hilfreiche Angebot füllte eine jahrhundertealte Lücke. Welche Person hat schon den Mut, ihren Pfarrer oder Prediger zu bitten, sie persönlich zu segnen und für ihre Nöte zu beten? Die Hemmschwelle ist zu hoch, um ins Pfarrhaus oder in die vorgeschriebene Sprechstunde zu kommen. Auch scheuen viele, ihr Anliegen auf das Band des Telefonbeantworters zu sprechen. Eher geht man zu einem Psychotherapeuten. Aber wenn in einem öffentlichen Segnungsgottesdienst Leute ungeniert nach vorne gehen, um für sich beten und sich segnen zu lassen, dann schließt man sich ihnen leichter an.

In einem solchen Gottesdienst war die große Sporthalle dicht gefüllt mit jungen Erwachsenen. Im ersten Teil ließen wir uns auf einer Anbetungswelle tragen und sangen mit Inbrunst Lobpreislieder und Chorusse. Sie wurden auf eine große Leinwand projiziert. Die unbekannten wiederholten wir ein- bis zweimal, aber auch nicht mehr, damit sie keine unkonzentrierte Leier würden. Dazwischen sangen wir auch einmal einen alten Choral. Die Lobpreisband heizte uns nicht mit schmerzhafter Lautstärke ein, sondern führte in wohltuender Weise unseren Gesang.

Dann beteten mehrere kurz, laut und verständlich, so dass jeder innerlich mitbeten konnte, wenn er wollte. Die Wortverkündigung war zentral, anschaulich und aufbauend. Sie stellte Jesus Christus allein in den Mittelpunkt und brachte keine Sonderlehren. Dann begann der Segnungsteil, während die junge Gemeinde weitersang. Vorne standen mehrere kleine Gruppen: jeweils zwei geschulte Seelsorger und eine Person, die sitzend gesegnet wurde. Die Gesegneten gingen dann dankbar und ruhig zu ihrem Stuhl zurück. Nichts war spektakulär. Alles ging natürlich und normal vor sich, obwohl es für viele neu war. Irgendwie erlebten wir eine geistliche Dichte und spürten: Hier ist Gott am Werk.

Lobpreisgottesdienste gehören inzwischen wieder zum normalen Gemeindeangebot. Gott sei Lob und Dank! Viele Anbetungslieder wurden in pietistische Gesangbücher aufgenommen. Sie kommen unserem heutigen Geschmack entgegen, sind emotional betont, inhaltlich nicht anspruchsvoll, sehr eingängig und leicht zu singen. Auch sind sie kurzlebig und werden schnell durch neue abgelöst, im Gegensatz zu den jahrhundertealten Chorälen. Erhobene Hände beim Gebet rufen immer weniger Befremden hervor. Gottesdienstliche Segenshandlungen, bei denen unter Handauflegung persönlich für Menschen gebetet wird, sind inzwischen nicht mehr nur ein Privileg der Charismatiker und Pfingstkirchen, sondern christliches Allgemeingut geworden. Auch Gebete für kranke Menschen, bei denen man mit Gottes heilendem, wunderbaren Wirken rechnet, finden sich heute in Gemeinden viel häufiger als früher. »Prüfet aber alles und behaltet das Gute!«, rät Paulus (1. Thessalonicher 5,21).

Eines sollten die Verantwortlichen nach meiner Meinung jedoch auch in Zukunft beachten, nämlich dass keine ungeprüften Prophezeiungen und Visionen gegeben oder weitergesagt werden, ganz gleich, ob sie für die Allgemeinheit oder persönlich gezielt sind. Sie könnten falsch sein. Im Alten Testament wurden die falschen Propheten entlarvt und gestraft, weil sie die Gemeinde verwirrten und in die Irre führten.

Neuerdings werden in Gemeinden, bei Mitarbeiter- und Jugendtreffen auch Salbungsgottesdienste, Himmelsfeste, Anbetungsfeiern und andere »Events« durchgeführt. Wir begrüßen sie in ihrer Vielfalt. Sie ziehen besonders junge Leute an, die zu den traditionellen Gottesdiensten keinen Zugang finden.

Einige Landeskirchen bieten Formulare an, wie Segnungs- und Salbungsgottesdienste durchgeführt werden können. Doch diese sollen den Gemeinden nicht aufoktroyiert werden, sondern in einer lebendigen Gemeinde wachsen sie von selber – zuerst im kleineren Kreis, dann öffentlich. Die Vorbedingung: eine Gruppe von reifen Christen, die das Vertrauen der Gemeindeglieder besitzen und verantwortlich denken, die auch Fehlverhalten rechtzeitig erkennen und vorbeugend verhindern.

So stehen jetzt wieder die Türen offen für die verschiedensten Lobpreis- und Segnungsgottesdienste. Lasst uns hindurchgehen und behüten, was Gott uns neu schenkt!

Menschen warten, dass sie gesegnet werden, und Gott wartet, dass er dafür gelobt wird.

DEIN KREUZ

Gott hat das Kreuz vor aller Zeit ausersehen zum Heil der Welt. † † †

ob es nicht einen Millimeter zu groß oder einen Milligramm zu schwer ist. †

Durch Christus hat er es gesetzt zum Zeichen für alle Menschen. † † † † † Er legte es dir auf zur Nachfolge und zur Teilhabe am Schmerz Gottes. Bevor er es dir schickte, hat er dieses Kreuz mit Aufmerksamkeit betrachtet, mit väterlicher Weisheit durchdacht, durchwärmt mit liebendem Herzen, gewogen in gütigen Händen und geprüft,

Gesegnet hat er es mit dem Trost seiner Gegenwart, bedacht mit dem Reichtum seiner Gnade, beschenkt mit seiner erbarmenden Kraft. † † † † Dann hat er noch einmal auf dich und deinen Mut geblickt, und so kommt es schließlich zu dir als ein persönlicher Gruß Gottes an dich und als Zeichen seiner tiefen Liebe.

(nach Franz v. Sales)

53. Der doppelte Segen

Einen Vorschlag, wie viele den Auftrag wahrnehmen können, andere im Namen Gottes zu segnen, macht der Pfarrer im Ruhestand Peter Gleiss:

»Der Aaronitische Segen (4. Mose 6,24-26) ist kein Bittgebet (›Herr, segne uns ...‹), auch kein Wunsch (›Der Herr segne dich ...‹), sondern eine Zusage: ›Der Herr segnet dich ...‹ So lautet auch die Übersetzung aus dem Hebräischen, was zwei befragte messianisch-jüdische Gemeindeleiter bestätigten, deren Muttersprache Hebräisch ist. Und so kann ein ›doppelter Segen‹ aussehen:

1) Am Ende eines Gottesdienstes, Hauskreistreffens oder einer anderen Zusammenkunft kann die Leiterin/der Leiter die Anwesenden segnen. Dazu kann sie/er als Zeichen der Offenheit einladen, die Hände zu öffnen, um das Geschenk des Segens zu empfangen. Danach spricht sie/er die Zusage des Aaronitischen Segens. In messianischen Gemeinden wird am Schluss ergänzt: ›... und gibt euch Frieden durch Jesus Christus‹.

2) Dann kann die Leiterin/der Leiter die Gesegneten ermutigen: ›Ihr seid gesegnet, um den Segen weiterzugeben und andere zu segnen. Jeder kann nun seine Hände zum Segnen erheben. Lasst euch vom Heiligen Geist einen Menschen zeigen, den Gott segnen will. Wenn ich jetzt ein Segnungsgebet spreche, lass ich Raum, um im Stillen den entsprechenden Namen einzufügen.‹

Nun kann die Leiterin/der Leiter zum Beispiel beten:

›Jesus, wir danken dir für den Segen, mit dem du uns gesegnet hast. Du hast uns beauftragt, deinen Segens-

157

strom weiterfließen zu lassen. In deinem Namen segne ich jetzt ... Gib durch deinen Heiligen Geist, dass dein Segen diesen Menschen berührt. So segne ich ihn im Namen des Vaters und des Sohnes und des Heiligen Geistes. Amen.‹

Auf diese Weise kann jeder erkennen und schon vollziehen, dass wir als Gesegnete beauftragt sind, um anderen Gottes Segen weiterzugeben. Gott will den starken, breiten Strom des Segens durch uns weiterfließen lassen. Wenn Christen zusammenkommen, will Gott uns segnen und uns zu Segensträgern machen.«

54. Schuld – Bekenntnis – Segen

Vor kurzem haben mich in Jerusalem zwei jüdische Menschen unabhängig voneinander priesterlich gesegnet, obwohl ich eine Deutsche bin! Das hat mich sehr bewegt. Wie kam es dazu?

Ich zog als Ruheständlerin wieder in das Dorf meiner Kindheit, nach Haßloch, und forschte dort in der Haßlocher Heimatgeschichte. Was in meiner Jugendzeit nie erwähnt wurde, stand jetzt vor mir: Von alters her bestand hier eine jüdische Gemeinde mit einer wechselvollen Geschichte. Es gab Zeiten, wo die hiesigen Juden geschätzt waren und ihre Gemeinde aufblühte, dann wieder Zeiten, in denen sie gehasst und umgebracht wurden. Die jüdische Gemeinde in Haßloch wurde restlos ausgelöscht, die Synagoge stark beschädigt und geschändet.

In 585 deutschen Städten und Dörfern wurden durch den Holocaust große jüdische Gemeinden zerstört und alle Juden vertrieben oder ermordet. Die Namen dieser Ortschaften sind »zum ewigen Gedenken« in Jerusalem, im »Tal der zerstörten Gemeinden« in die Felswände eingemeißelt und weltweit dokumentiert. Auch der Name meines Heimatdorfes ist dort »verewigt«.

Diese Tatsachen belasten mich als Haßlocherin, als Deutsche und als Christin, obwohl ich damals noch ein Kind war und nicht direkt damit etwas zu tun hatte. Ein Jurist erklärte uns: »Wenn ein Sohn das Vergehen seines Vaters vertuscht oder verharmlost, macht er sich vor dem Gesetz schuldig, auch wenn er selber kein solches Unrecht begangen hat!« So geben jetzt viele Christen die Gräueltaten an den Juden zu und stehen zu der Schuld ihrer Vorfahren.

Wir – meine Freundin Ingrid Walz und ich – meldeten uns zur großen Bußkonferenz in Jerusalem vom 17.–22. April 2001 an. Die Marienschwestern, die seit etwa 50 Jahren in Jerusalem das Haus Beth Abraham führen, wo sich KZ-Geschädigte unentgeltlich erholen können, organisierten diese internationale Konferenz. Durch ihren Bekanntheitsgrad in Jerusalem und weltweit und weil einige Schwestern fließend hebräisch sprechen, waren sie geeignet, eine solche Bußkonferenz vorzubereiten und dazu einzuladen.

Uns wurden drei Briefbotschaften mitgegeben: zwei von den beiden großen Haßlocher Kirchengemeinden, der evangelischen und der katholischen, und eine von unserem Bürgermeister. In allen steht etwa: Wir bekennen unsere Schuld – und die unserer Vorfahren – an den Gräueltaten, die unsere früheren jüdischen Mitbürger erleiden mussten.

Vor Antritt der Reise wurden wir beiden »Briefbotinnen« von unserer Kirchengemeinde gesegnet: Beim Treffen der Hauskreise wurde über uns um Schutz und Gottes Segen gebetet. Dieser Reisesegen hat uns ermutigt, und die Fürbitte unserer Mitchristen hat uns bei den nächtlichen Schießereien die Angst genommen. Wir hatten den Eindruck: Die ganze Konferenz ist in einen Segensschutzmantel gehüllt.

Rund 900 Christen aus 25 verschiedenen Ländern, die früher in irgendeiner Form mit der Judenverfolgung zu tun hatten, nahmen an dieser Konferenz teil.

Fast 500 Delegierte kamen aus Deutschland, da die Deutschen unter dem Naziregime sechs Millionen Juden ermordet haben.

Erst als David Faber, ein anerkannter Zeuge beim Eichmannprozess, sprach – er überlebte wie durch ein Wunder die Konzentrationslager Auschwitz und Bergen-Belsen – und als die Autorin Janina Fischler-Martinho von ihren Todesängsten im Krakauer Getto berichtete, bekam diese Zahl Leben und Namen. Janina sagte: »Diese Wunden werden nie vernarben.«

Nach ihrem Bericht ging ich auf Janina zu und sagte: »Please, forgive me! I am a German!«

Sie sah mich lieb an und antwortete: »I know!« Dann legte sie ihre rechte Hand auf meinen Kopf, die andere auf meine Schulter und segnete mich. Mich, die Deutsche! Innerlich gesammelt sprach sie leise über mir ein Segensgebet. Ich spürte die Wärme ihrer segnenden Hände und war zutiefst berührt. Diese leidgeprägte Jüdin, die ihre ganze Familie im Holocaust verloren hatte – sie hat eine Frau gesegnet, deren Nation ihr Volk durch die »Endlösung« radikal vernichten wollte! Statt Hass und Bitterkeit sprach sie Segen aus! Welch ein Vorbild!

Der andere eindrucksvolle Jerusalemer Segen wurde feierlich über allen Konferenzteilnehmern von einem Rabbiner ausgesprochen: Als Höhepunkt fand ein Bußgottesdienst statt, zu dem auch 250 jüdische Menschen gekommen waren. Wir hörten, unsere Buße solle dem Leid entsprechen, das die Christenheit dem jüdischen Volk im Laufe der Jahrhunderte angetan hat. Oh, Jesus, da musst du uns helfen! Das ist wahrhaftig nicht mit einem einzigen Bußgebet getan!

Angeleitet von geistlichen Würdenträgern sprachen wir versammelten Christen vor Gott und vor den Ohren der Israelis ein sehr ausführliches Schuldbekenntnis. Darin sagten wir unter anderem:

»Herr, wir können keinen Segen erwarten für unser Volk und unsere Kirche, wenn wir nicht vor dir unsere persönliche Schuld und auch die Schuld unserer Vorfahren bekannt haben.

Wir haben nicht nur jüdischen Menschen unsägliches Leid zugefügt, sondern auch dir selbst, du Heiliger; wir haben Israel, dein auserwähltes Volk, und damit deinen Augapfel angegriffen. Darum tun wir Buße und flehen zu dir, dem allmächtigen Gott:

Sei uns gnädig und vergib uns, was wir und unsere Vorfahren deinem auserwählten Eigentumsvolk angetan haben! ...«

Am Schluss dieses Bußgottesdienstes las der Rabbiner Moshe Ladermann Worte des Propheten Micha: »Wo ist solch ein Gott wie du, der die Sünde vergibt und erlässt die Schuld? Er wird sich unser wieder erbarmen und alle unsere Sünden in die Tiefen des Meeres werfen!« (Vgl. Kapitel 7.) Danach sprach er den aaronitischen Segen über uns alle und zwar hebräisch, so wie Gott es vorzeiten dem Hohenpriester Aaron und allen Priestern aufgetragen hatte:

יְבָרֶכְךָ֤ יְהוָ֖ה וְיִשְׁמְרֶֽךָ׃

יָאֵ֨ר יְהוָ֧ה ׀ פָּנָ֛יו אֵלֶ֖יךָ וִֽיחֻנֶּֽךָּ׃

יִשָּׂ֨א יְהוָ֤ה ׀ פָּנָיו֙ אֵלֶ֔יךָ וְיָשֵׂ֥ם לְךָ֖ שָׁלֽוֹם׃

»Der Herr segne dich und behüte dich!
Der Herr lasse leuchten sein Angesicht über dir
und sei dir gnädig!
Der Herr wende sein Angesicht dir zu und gebe dir –
und dem Volk Israel und uns allen – seinen Frieden!«

Vollmächtig und durch unser Schuldbekenntnis innerlich bewegt legte Rabbi Ladermann den Namen unseres Gottes auf die
versammelte Gemeinde – auf Juden und Christen! Eine heils-
geschichtliche Stunde! Ja, Gott selber segnete. So erfüllt sich,
was Gott vor über 3000 Jahren zu Abraham gesagt hatte: Wer
dir und deinen Nachkommen wohltut, den will ich segnen!

Für mich hörte ich besonders heraus: Der Herr segne dich
– und sei dir gnädig! Dieser Segenszuspruch hat mich im Gedanken an mein Vaterland und mein Heimatdorf sehr getröstet. Ich weiß, dass die lebenden Juden nicht für die toten vergeben können, aber ich weiß auch, dass wir einen gnädigen
Gott haben.

Danach versammelte sich die deutsche Gruppe im »Tal der
zerstörten Gemeinden«. Die 45 Vertreter von Städten und
Dörfern, deren Namen in den Felswänden eingemeißelt sind,
überkam die Scham über das grauenvolle Leid, das ihre
früheren jüdischen Mitbürger durchmachen mussten.

Der Jerusalemer Bürgermeister Ehud Olmert sagte zu den
Deutschen: »Wir wollen Ihre ausgestreckte Hand ergreifen,

die Vergangenheit nicht vergessen und die Zukunft miteinander gestalten!«

Wir beiden Briefträgerinnen aus Haßloch übergaben die drei aufgetragenen Briefbotschaften und gingen danach an die Felswand, wo unser Heimatort eingemeißelt ist. Dort zündeten wir eine Gedenkkerze an und legten unsere Hände klagend an den Felsen, so wie wir es von den Jüdinnen an der Klagemauer gesehen hatten.

Was haben wir dem Herzen Gottes angetan!?

Sieh dein Volk in Gnaden an!
Segne Israel, dein Erbe!
Leit' es auf der rechten Bahn,
dass der Feind es nicht verderbe!
Wart und pfleg es in der Zeit,
heb es hoch in Ewigkeit!

Alle Tage wollen wir
dich und deinen Namen preisen
und zu allen Zeiten dir
Ehre, Lob und Dank erweisen.
Rett aus Sünden, rett aus Tod,
sei uns gnädig, lieber Gott!

nach Ignaz Franz

55. An Gottes Segen ist alles gelegen –
wie können wir segnen?

Segen setzt voraus, dass ...

– zwischen dem, der segnet, und dem, der den Segen begehrt, Gedanken und Gefühl von Wohlwollen bestimmt sind;
– eine segnende Berührung während des Segnens Nähe erleben lässt;
– der Weg des zu Segnenden ermutigend angedeutet wird;
– der Segen deutlich und verstehbar ausgesprochen wird.

1) Unsere wohlwollende Haltung

Unseren Lieben und unseren Freunden sind wir von Herzen zugetan. So ist es uns ein Bedürfnis, ihnen Glück, alles Gute und Gottes Segen zu wünschen. Immer wieder stellen wir sie unter den Schutz des himmlischen Vaters.

Doch Menschen zu segnen, die uns unsympathisch sind – da spüren wir innerlich eine Sperre. Weil aber Jesus befiehlt: »Segnet sie!«, wollen wir den Widerstand in uns abbauen. Nur wie? Das geschieht durch zwei Schritte: erkennen und Gott um Vergebung bitten. Zuerst nehmen wir unsere Abneigung unter die Lupe und überlegen, wodurch sie entstanden ist. Dann geben wir ihr einen Namen; zum Beispiel Minderwertigkeitsgefühle, Neid, Verachtung, Eifersucht ...

Gott liebt jeden von uns. Darum können wir ohne Angst vor ihm unsere Gefühle offenbaren. Für unsere inneren Verletzungen bitten wir um Heilung; für unsere Sünden bitten wir um Vergebung; für unser kaltes Herz bitten wir um Wärme. Weil er unsere Bitte schon längst erwartet, erfüllt er sie uns gern.

Nach einiger Zeit merken wir: Wir sehen unsere früheren »Feinde« mit anderen Augen. Ihr Verhalten uns gegenüber verletzt uns nicht mehr. Jetzt haben wir die Kraft, sie vollmächtig zu segnen. In den meisten Fällen ändert sich unsere Beziehung. Wer weiß, was unsichtbar geschieht!

Gebet

Verändere meine negative Haltung in eine positive.
Vergib mir meinen Egoismus ...
Schenke mir Segenskraft für meine Lieben,
aber auch für die mir noch Unsympathischen. Amen.

2) Die bedeutsame Berührung oder Geste

Dafür haben wir biblische Beispiele:

»Jesus herzte die Kinder, legte die Hände auf sie und segnete sie« (Markus 10,16).

Der alte, blinde Isaak bat seinen etwa 40-jährigen Sohn, bevor er ihn segnete (1. Mose 27,26): »Komm her und küsse mich, mein Sohn!« Die Umarmung und der Kuss hat der nachfolgenden Segnung einen unvergesslichen Eindruck verliehen.

Der Apostel Paulus und die Verantwortlichen der Gemeinde haben dem jungen Timotheus die Hände aufgelegt und ihn für seinen Dienst gesegnet (1. Timotheus 4,14 und 2. Timotheus 1,6).

Nicht nur die herzliche Berührung und Handauflegung, sondern auch die Geste des Segnens ist von Bedeutung. Wenn ein Mann allein eine empfindsame Frau segnet, halte ich es für angemessen, dass er sie nicht berührt oder umarmt, sondern vielmehr seine erhobenen Hände mitsprechen lässt. So kann eine Vermischung von Seelischem mit Geistlichem vermieden werden.

Wenn in der Schrift ein Segen erteilt wird, bildet die Gebärde der Hand einen liebevollen Hintergrund für die Worte.

Darum dürfen wir Gott, den eigentlichen Segensspender, um segnende Hände bitten.

Herr, segne meine Hände,
dass sie deine Wärme und Annahme vermitteln können.
Erfülle sie mit deiner Segenskraft! Amen.

3) Segnende Worte

Es ist ein Irrtum, wenn jemand meint: Meine schweigende Anwesenheit vermittelt automatisch Segen! Da sehnt sich vergebens die Frau nach segnenden Worten ihres Mannes. Das Kind wartet seit Jahren, dass sein Vater etwas Segnendes ganz persönlich zu ihm spricht, aber es hört nur Forderungen. So tragen unzählige Erwachsene eine schmerzende Wunde in sich: »Ich habe nie gehört, dass mein Papa mich gesegnet hat!«

Der Segen erhält sein Gewicht, wenn er ausgesprochen wird und gehört werden kann. Gute Absichten reichen nicht! Um einem Kind, Ehegatten oder Freund den Segen zuteil werden zu lassen, braucht es unbedingt auch gute Worte.

Oft wissen wir Anfänger nicht, was wir im Auftrag Gottes sagen sollen und wehren uns dagegen. Sogar Mose wusste es nicht und hatte viele Einwände. Darum sprach Gott zu ihm (2. Mose 4,12): »Genug jetzt, geh! Ich werde dir helfen und dir sagen, was du reden sollst!« Er wird auch uns nicht im Regen stehen lassen, wenn wir ihn aufrichtig um eine Eingebung für Segensworte bitten. Paulus war davon überzeugt, denn er schreibt an die Gemeinde in Rom (Römer 15,29): »Ich weiß, dass ich den vollen Segen Christi mitbringe, wenn ich zu euch komme!« So geschah es.

Segnende Worte trösten, bauen auf und weisen die Richtung. Darum singt Manfred Siebald: »Gib mir die richtigen Worte! Gib mir den richtigen Ton!« Bei Jesus hat jedes einzelne Wort höchste, kraftvolle Wirksamkeit, gefüllt mit göttlichem Segen. Deshalb sagte der Hauptmann von Kapernaum vertrauensvoll: »Herr, sprich nur ein einziges Wort, dann wird mein Knecht gesund!«

Es gibt Segenssprüche, die nur ein Ohrenschmaus sind, die gekünstelt klingen. Man hört ihnen erstaunt zu. Sie klingen zu fremd.

Unsere Segensformulierung soll einfach sein und natürlich klingen. Sie muss zu uns passen; wir sind nun mal keine Dichter! Wenn Gott mit unserem Mund ist, treffen unsere einfachen Segensworte den anderen ins Herz. Und wenn wir wirklich keinen Segen über die Lippen bringen, dann gibt es noch einen Ausweg: Wir schreiben ihn auf eine hübsche Karte oder in einen Geburtstagsbrief und überreichen ihn.

Herr, segne meinen Mund,
dass er Gutes und Segnendes ausspricht.
Gib du mir die rechten Worte
und gib mir den richtigen Ton! Amen.

4) Eine Sicht für die Zukunft

Das vierte Element des Segens ist eine seelsorgerliche Sicht: Was braucht die gesegnete Person für heute, für morgen und übermorgen? Was will Gott ihr aus seiner Fülle schenken? Was darf ich ihr zusagen?

Der Erzvater Isaak sprach zu seinem Sohn Jakob (1. Mose 29): »Gott gebe dir den Tau vom Himmel und mache deine Felder fruchtbar! Nationen sollen sich vor dir verneigen und Völker sollen deine Diener werden!« Eine solche Zukunftsschau passte wirklich nicht zu Jakob, der bald danach ein armer Flüchtling war und bei seinem Onkel als Knecht schuften musste. Aber dieser Segen hat ihm Hoffnung gegeben.

Wenn wir unsere »Antenne zu Gott« ausgefahren haben, während wir mit einer Rat suchenden Person im Gespräch sind, kann er uns innerlich mitteilen, was er ihr in seiner Liebe geben will. Vielleicht ist es Kraft zum Versöhnen, innere oder äußere Heilung, Wegweisung oder ein Bibelwort. Wir können dieser Person Mut machen, ihre Gaben zu gebrauchen.

Wieder einmal war ich als Referentin in Marburg auf einem Wochenende für Frauen. Da kam eine Frau zu mir und sagte: »Kennen Sie mich noch? Ich bin die Bäuerin, die vor vier Jahren bei Ihnen Rat gesucht hatte. Damals war ich wegen meines bei uns lebenden Bruders sehr deprimiert. Nach unserem Gespräch haben Sie mich gesegnet. Das war mir neu und hat mich beeindruckt. Dabei kam mir eine Sicht, wie ich unser Familienproblem anpacken könne. Der Segen hat mir Kraft gegeben, mich zu versöhnen und die guten Eigenschaften meines Bruders zu entdecken und zu loben. Nun haben wir Frieden auf unserem Hof.«

Da freuten wir beide uns miteinander und dankten unserem himmlischen Vater für diese Gebetserhörung.

Lieber Herr, Heiliger Geist,

*segne meine Gedanken und mein Einfühlungsvermögen,
dass ich erkennen kann, was du Ratsuchenden schenken
willst.*

*Verhüte, dass ich mir eine falsche Prophetie anmaße
oder irgendeinen Druck ausübe.*

*Erleuchte mich und erinnere mich an ein Bibelwort,
das du unterstreichen möchtest! Amen.*

Segenswunsch

Möge Gott dir die Kraft geben,
in Traurigkeit getrost zu sein –
auch in kleinen Freuden ein Lachen hervorzubringen –
deine Bitterkeit am Kreuz zu begraben –
zu vergeben, selbst wenn du im Recht bist –
die schwierigen Menschen zu segnen –
immer etwas zu finden, wofür du danken kannst –
und
allezeit deinem Gott zu vertrauen!   *Ruth Heil*

56. Kurze Anleitung zum Segnen und Zusammenfassung

Bevor wir andere segnen, ist eine *Selbstprüfung* nötig. Wir bedenken folgende Fragen:

1) Warum will ich segnen? Will ich geistliche Macht ausüben? Will ich Ansehen oder Bewunderung gewinnen? Will ich die zu segnende Person irgendwie manipulieren?

2) Welche Einstellung habe ich zu ihr? Bin ich kritisch? Bilde ich mir ein, dass ich längst weiß, wo es bei ihr nicht stimmt? Fehlt mir das Wichtigste: Liebe und Verständnis für sie?

3) Habe ich uns unter den Schutz des Blutes Jesu gestellt, dass böse Mächte uns nicht angreifen können?

4) Ist mir bewusst, dass ich selbst leere Hände habe und von mir aus überhaupt nicht segnen kann?

5) Habe ich auch keinen Mundgeruch oder verschwitzte Kleidung? Passt mein Äußeres in die Situation? Ist meine Kleidung angemessen?

6) Vor allem: Bin ich ein frisch gereinigter Segenskanal? Lebe ich vor Gott in einer demütigen Bußhaltung? Wann habe ich zuletzt gebeichtet? Wenn ich ungereinigt bin, erlaubt mir der Heilige Geist nicht, jemandem meine Hände aufzulegen. Ich könnte nämlich dieser Person schaden, dass sie zum Beispiel danach von Angstträumen geplagt wird.

7) Ist eine Vertrauensbasis vorhanden? Bevor wir eine andere Person segnen oder uns von jemandem segnen lassen, muss Vertrauen da sein.

Weil segnen auch eine Kraftübertragung sein kann, lasse ich

mich nicht von jedem segnen, zum Beispiel nicht von Reikileuten, die gern Kranke segnen und kosmische Kräfte übertragen wollen. Sie heben die Hand, machen geheime Zeichen in die Luft, die sie in ihrer Ausbildung gelernt haben. Vorsicht! Sie behaupten nämlich, ihr Segnen und Heilen sei christlich und käme von Gott!

Die *Praxis des Segnens* gehört vor allem in die Familie. Es ist eine selbstverständliche Aufgabe der gläubigen Mütter und Väter, Großeltern und Paten ihre Familienangehörigen betend zu segnen.

Auch im *Hauskreis* oder in einer *vertrauten Gruppe* ist das Segnen unproblematisch, wird zunehmend ausgeübt und als Wohltat empfunden. Der Hauskreisabend ist dafür ein geschützter Raum. Die Teilnehmer haben längst gelernt, die Vorkommnisse ihrer Gruppe nicht auszutratschen.

Anders ist es *beim Besuchsdienst*, wenn Alte oder Kranke, auch Neuhinzugezogene besucht werden. Da muss meistens zuerst Vertrauen aufgebaut werden. Das geschieht durch ein nicht zu langes seelsorgerliches Gespräch. Wenn eine dritte Person anwesend ist, muss auch ihr Vertrauen gewonnen werden. Dann fragt der Besucher: »Darf ich zum Abschied noch für Sie beten? Wäre es Ihnen auch recht, wenn ich Sie segne? Kann ich dabei meine Hand auf Ihre Schulter legen?« Danach ist eine Pause notwendig; denn der/die Besuchte muss etwas Zeit haben, sich auf Gebet und Segenshandlung innerlich einstellen zu können. Für die meisten ist lautes Beten und Segnen fremd. Deshalb könnte eventuell auch ein stilles Beten und Segnen angebracht sein. Hier ist die Einfühlung durch den Besucher gefordert. Taktlosigkeit im geistlichen Dienst muss unbedingt vermieden werden.

Oft ist auch noch eine Frage notwendig: »Haben Sie ein

persönliches Anliegen für unser Gebet?« Oder: »Wofür brauchen Sie besonders Gottes Segen?« Wir achten genau auf die Antwort und können dann gezielt fürbitten und segnen. Damit treffen wir auf den Gedankengang der Person, für die wir beten. Sie fühlt sich verstanden. Dankbar hört sie, dass wir ihr Anliegen in Worte formulieren und vor Gottes Thron bringen. Ist sie gewohnt, laut zu beten, dann fragen wir: »Möchten Sie jetzt auch beten? Wollen Sie etwas hinzufügen?«

Wird Schuld bekannt, dann muss unbedingt ganz klar Gottes Vergebung zugesprochen werden. Viele Menschen haben Schuldgefühle und wissen nicht, wohin damit. Diese sind ihnen eine Last. Darum tragen wir gemeinsam die Schuld an Jesu Kreuz und stellen uns bildhaft vor, wie wir sie dort abladen. Nun brauchen wir uns nicht mehr damit abzuschleppen. Jesus hat uns die Schuld abgenommen und durch sein Sterben bei Gott in Ordnung gebracht. Diesen Akt der Vergebung müssen wir dem anderen klar vor Augen stellen, damit er diese einzigartige Entlastung in sich aufnehmen kann und nicht mehr in Zweifel stellt.

Es ist immer gut, wenn uns *ein bekannter Bibelvers* einfällt oder wir den *Psalm 23* beten. Diesen können Kranke und Alte meistens sogar auswendig und beten ihn gern mit.

In jedem Fall ist ihnen *das Vaterunser* vertraut. Es tut ihnen wohl, wenn sie es leise mitsprechen. Somit ist es auch ihr eigenes Gebet. *Sterbende* bewegen dabei noch ihre Lippen oder ihre Augenbrauen und sagen Amen.

Nach dem Beten ist eine angesagte *kurze Stille* angebracht. Wird sie vorher nicht angekündigt, wirkt sie peinlich. In dieser stillen Zeit kann der/die Segnende den Heiligen Geist fragen: »Was möchte Gott in seiner Liebe meinem Gegenüber schenken?«

Dann sprechen wir den Segen. Er kann frei formuliert oder

ein Vers sein, eine kurze Segensbitte oder ein biblisches Segenswort. Jedenfalls kein Wortschwall und keine Predigt – sondern erinnerbar! Unser Segnen ist einfach, echt und nicht poetisch. Es stimmt mit unserer Person überein. Dabei denken wir uns keine Prophetie oder Vision aus. Wir versprechen auch keine Krankenheilung. Falls Gott diese nach seinem Willen schenkt, ist es wunderbar! Er kann, wenn er will! Aber wir beten demütig: »Dein Wille geschehe! Dein Wille, Herr, ist gut!«

Es ist praktisch, wenn wir den zu Segnenden freundlich einen Stuhl anbieten. So können sie entspannt sitzen, eventuell auch die Augen schließen, ohne weiche Knie zu bekommen. Keinesfalls sollen sie stehen bleiben! Gesegnet werden ist keine Sensation, sondern eine liebevolle Geste unseres himmlischen Vaters.

Wenn wir unsere Hand auflegen, bitten wir vorher vertrauensvoll: »Jesus, lege du jetzt deine Hand unter die meine!«

Nach dem Segnen warten wir noch ein Weilchen und laufen nicht sofort davon. Vor allem nicht auf die Uhr schauen! Wir beginnen aber auch kein Bla-bla-Gespräch, das die Segenshandlung wieder abwertet. Manchmal wischen sich die Gesegneten einige Tränen ab oder weinen leise vor sich hin, weil Gottes Geist sie innerlich berührt hat. Es fehlen ihnen die Worte, ihre Bewegung auszudrücken. Deshalb kommen Tränen, die ihnen womöglich peinlich sind. Doch solche Tränen sind in Gottes Augen Perlen. Sie sind ihm kostbar. »Er sammelt sie in seinen Krug« (Psalm 56,9). Wir reichen ein Taschentuch und sagen beruhigend: »Weinen tut gut!«

Gesegnete zeigen manchmal eine rührende Dankbarkeit, die uns beschämt. Es ist tatsächlich nicht unser Können, sondern allein Gottes Werk, wenn Segnen hilft und tröstet und stärkt.

Gesegnet werden vermittelt immer Angenommensein. Viele Menschen meinen, sie werden von anderen nicht so angenommen wie sie sind. Oft fühlen sie sich sogar weggestoßen. Darum suchen sie bei Gott einfach nur Trost und Zuwendung. Sie wünschen keine langen oder überhaupt keine seelsorgerlichen Gespräche, sondern vielmehr möchten sie erleben, dass Gott sie in seiner väterlichen Liebe so annimmt, wie sie sind. Darum zeigen wir als Segnende seine gütige Haltung. Ein heiliges Geschäft, Gottes Segen weiterzureichen! Er helfe uns dabei und segne uns, seine armen Mitarbeiterinnen und Mitarbeiter!

Bücher von Hannelore Risch

Allen Menschen große Freude. Segenswünsche zur Weihnachtszeit, R. Brockhaus Verlag Wuppertal

An seiner Hand. Segenswünsche für Krankheitstage, R. Brockhaus Verlag

Denn sie sollen getröstet werden. Segenswünsche für Tage der Trauer, R. Brockhaus Verlag

Für schwere Tage, Hänssler Verlag

Gott tröstet. Von der Kraft, die Trauer zu überwinden, R. Brockhaus Verlag

Reifwerden für Gottes neue Welt. Vom Leben und Sterben meiner Mutter, R. Brockhaus Verlag

Vergeben hilft Leben. Nachdenken über den Segen der Versöhnung, Hänssler Verlag

Was Frauen mit Gott erleben, Hänssler Verlag

Weihnachtliche Gedanken an meiner Krippe. Bilder, Texte und Lieder für die Advents- und Weihnachtszeit, Hänssler Verlag

Von der gleichen Autorin:

Gott tröstet

Von der Kraft, die Trauer zu überwinden

128 Seiten, RBtaschenbuch Bd. 331, Bestell-Nr. 220 331

»Eines Tages werde ich nicht mehr die Witwe meines Mannes, sondern ich selbst sein, denn Witwenschaft ist nicht Ende, sondern Durchgang zu einem neuen Menschsein, das mir Gott zur Verfügung stellt. Sie ist für mich die größte Herausforderung, die ich bisher erlebt habe, ein Reifungsprozess zum Ziel hin.« So beschreibt Hannelore Risch ihre Erfahrungen nach dem Tod ihres Mannes, als sie mit sechs kleinen Kindern plötzlich allein stand. Sie brachte nach Durchstehen der ersten schwierigen Zeit ihre Ausbildung zum Abschluss und diente dann als Pastorin einer Kirchengemeinde auf dem Land.

Reif werden für Gottes neue Welt

Der Weg meiner Mutter

144 Seiten, RBtaschenbuch, Bestell-Nr. 220 454

Ein Reifungsprozeß wird hier beobachtet. Die 69-jährige Mutter ahnt ihren Tod. Sie beginnt zu ordnen: im Garten, im Haus. Sie schreibt das Testament. Sie folgt mahnender Erinnerung und ordnet Beziehungen. Um dieses Leben verstehen zu können, lässt Hannelore Risch die Mutter erzählen. Die Tochter erzählt auch mit diesem Buch vom Himmel, damit wir durchhalten können, wenn wir es uns zu leicht oder zu schwer machen mit dem Sterben und mit dem Tod.

R. BROCKHAUS VERLAG WUPPERTAL